AF274382

Hamlet &
Romeo y Julieta

Plutón
Ediciones

COLECCIÓN
ETERNA

Hamlet &
Romeo y Julieta

William Shakespeare

TRADUCCIÓN: BENJAMIN BRIGGENT

© Plutón Ediciones X, s. l., 2011

Décima Edición: 2025

Diseño de cubierta: Alejandro Díaz
Maquetación: Saul Rojas

Edita: Plutón Ediciones X, s. l.,
           E-mail: contacto@plutonediciones.com
           http://www.plutonediciones.com

Impreso en España / Printed in Spain

I.S.B.N anterior: 978-84-15089-21-6

I.S.B.N: 979-13-87692-51-3
Depósito Legal: B-10311-2025

PRÓLOGO

HAMLET

Quizá sea una de las obras más conocidas de Shakespeare manifestada por la gran cantidad de publicaciones, puesta en escena y en la actualidad llevada a la gran pantalla en varias ocasiones. Ya en vida de su autor, se publicó una copia hecha de oídas (1601).

Se trata de un drama de 5 actos centrado en la venganza, cuyo tema se encuentra ya en la *Gesta de los Daneses* del siglo XIII, de un drama perdido aparecido quizás entre 1587 o 1859 y de las *Histoires Tragiques* de F. de Belleforest, escritor francés (1530-1583). Refleja la tragedia de la libertad hacia la muerte.

Vengador catastrófico Hamlet, solo se convence de las acusaciones del espectro de su padre, tras organizar la representación del crimen tenido entonces por *incestuoso*, delante de su madre y de su tío. Hamlet llevará a la muerte, no sólo a los culpables, sino también al padre y al hermano (otro vengador) de Ofelia, muerta de desesperación. Las notas más sobresalientes del drama primitivo son que el príncipe de Dinamarca, Hamlet, sabe cómo murió su padre desde el principio; finge su locura y en el momento justo actúa enérgicamente.

En el drama de Shakespeare nos encontramos pues con la aparición de nuevos elementos:

El espectro; el drama dentro del drama; la historia marginal de Ofelia; un Hamlet prisionero de la *melancolía* e incapaz de tomar una decisión.

Hamlet posee la nostalgia de la simplicidad heroica. *La conciencia hace de nosotros unos cobardes*, afirmará.

Considerado el patrón del romanticismo, es el símbolo de la indecisión intelectual, frente a la necesidad de acción. Inspirador de varios coreógrafos, para ballet y ópera. Sus adaptaciones cinematográficas principales se iniciaron en 1948 (en negro) con Laurence Olivier como protagonista, Grigori Kozintsev (1964) y sobre todo, más recientemente Franco Zeffirelli, con el mérito de acercar *la duda existencial de Hamlet (el ser o no ser...)* a la sensualidad femenina actual, consciente en la actualidad, más que nunca, de sus *complejos atávicos, de su angustia vital y del yugo y sus circunstancias.*

Consciente del mundo corrupto en que le ha tocado vivir *(algo podrido huele en Dinamarca)*, las náuseas ponen enfermo a Hamlet y le impiden vivir: el pánico de una venganza sin retorno no le deja actuar en principio, de manera que la locura fingida es una forma de *esconder la cabeza bajo el ala* y darse un respiro. Su locura es coherente con el estado de depresión en que se encuentra. Es entonces, viendo que la situación no se arreglará ignorándola, cuando pronuncia el famosísimo monólogo *to be or not to be.*

Hamlet ya se siente muerto, le han mancillado el pasado, despojado de ilusión el presente, cancelado el futuro. La cabeza no cesa de darle vueltas. Al fin se decide, a sabiendas de que también será su final y habrá de decir adiós a todo lo que podía haber sido y no fue.

No es que retrase su venganza, porque esta se inicia con su comportamiento demencial y con él arrastrará a su madre en el sufrimiento. La venganza material no le sanará sino que le servirá para morir con honradez. *En Hamlet no existe puro reflejo del pensador, sino la propia fuerza vital creadora y aniquiladora al unísono.*

ROMEO Y JULIETA *(ROMEO AND JULIET)*

Drama en 5 actos. Quizá con *Hamlet* y con *Otelo* constituirían la tríada más famosa de las obras de Shakespeare.

En la bella ciudad de Verona en el NE de Italia, a pesar del odio que separa a sus dos familias, los Capuleto y los Montesco, Romeo y Julieta se aman y se casan. La fatalidad los arrastra a un trágico final. El argumento está tomado de un relato corto de Bandello, pero la leyenda procede de otro de Jenofonte de Éfeso, recuperada por Masuccio de Salerno (1476) y por Boccaccio en *El Decamerón*, encontrando su configuración definitiva en la novela de Luigi da Porto (1530).

El amor entre Romeo y Julieta termina con la muerte, porque implica el abandono de uno mismo. Los enamorados se convierten en un solo ser, como diría San Pablo refiriéndose al matrimonio: *Ya no son dos, sino una sola carne.*

También Zeffirelli llevó la historia a la gran pantalla (1967). Anteriormente, lo habían hecho (en negro) George Cukor (1936). Prokófiev compuso el ballet *Romeo y Julieta* (creado en Brno en 1936) animado por danzas populares y que constituyó una tragedia completamente bailada.

Romeo y Julieta poseen un bien tan valioso como el de amarse y pueden prescindir de la sociedad y de sus familias. Su amor es más fuerte que los lazos familiares y las leyes. Por último, es más fuerte que la propia muerte.

Romeo y Julieta han de morir porque su relación vista desde la época actual, posee rasgos patológicos. La intensidad de su amor garantiza la pasión, ¿pero, hubiera podido ser para siempre?...

Imaginémonos qué hubiera pasado de haber vivido ¿se hubiera transformado en una pareja típicamente italiana? Él con una pronunciadísima curva de la felicidad, ella desgreñada fregando platos, oliendo a cebolla y con varios *bambini* mocosos a su alrededor... ¡Qué horror!...

HAMLET, PRÍNCIPE DE DINAMARCA

DRAMATIS PERSONAE

CLAUDIO, rey de Dinamarca

HAMLET, hijo del rey fallecido y sobrino de Claudio

POLONIO, primer consejero real

HORACIO, amigo de Hamlet

LAERTES, hijo de Polonio

VOLTIMAND, enviado danés a Noruega

CORNELIO, otro enviado danés a Noruega

OSRIC, cortesano

Un GENTILHOMBRE

Un SACERDOTE

MARCELO, oficial de la guardia de palacio

BERNARDO, oficial de la guardia de palacio

FRANCISCO, oficial de la guardia de palacio

REINALDO, criado de Polonio

COMEDIANTES y ACTORES

Dos SEPULTUREROS

FORTIMBRÁS, príncipe de Noruega

Un CAPITÁN noruego

LOS EMBAJADORES INGLESES

GERTRUDIS, reina de Dinamarca y madre de Hamlet

OFELIA, hija de Polonio

EL ESPECTRO del padre de Hamlet

Cortesanos, damas, oficiales, soldados, marineros, mensajeros, criados y pueblo.

La escena tiene lugar en el Palacio y Ciudad de Elsingor, en sus cercanías y en las fronteras de Dinamarca.

Acto I

Escena I

**Explanada delante del Palacio Real de Elsingor.
Noche oscura. Suenan las doce.**

Entran Francisco y Bernardo

Bernardo.- ¿Quién está ahí?

Francisco.- No, respóndame usted a mí. Deténgase y diga quién es.

Bernardo.- Viva el Rey.

Francisco.- ¿Es Bernardo?

Bernardo.- El mismo.

Francisco.- Tú eres el más puntual en venir a la hora.

Bernardo.- Las doce han dado ya; bien puedes ir a descansar.

Francisco.- Te doy mil gracias por el relevo. Hace un frío que cala y yo estoy delicado del pecho.

Bernardo.- ¿Has realizado tu guardia sin novedad?

Francisco.- Ni un ratón se ha movido.

Bernardo.- Muy bien. Buenas noches. Si encuentras a Horacio y Marcelo, mis compañeros de guardia, diles que vengan rápido.

FRANCISCO.- Creo que los oigo. Alto ahí. ¡Eh! ¿Quién vive?

Horacio, Marcelo y dichos.

HORACIO.- Amigos de este reino.

MARCELO.- Y fieles vasallos del Soberano de Dinamarca.

FRANCISCO.- Buenas noches.

MARCELO.- ¡Oh! ¡Honrado soldado! Pásalo bien. ¿Quién te ha hecho el relevo de la centinela?

FRANCISCO.- Bernardo, que me sustituye. Buenas noches.

MARCELO.- ¡Hola! ¡Bernardo!

BERNARDO.- ¿Quién está ahí? ¿Es Horacio?

HORACIO.- Un fragmento de él.

BERNARDO.- Bienvenido, Horacio; Marcelo, bienvenido.

MARCELO.- ¿Y qué? ¿Se ha vuelto a aparecer aquella cosa esta noche?

BERNARDO.- Yo nada he visto

MARCELO.- Horacio dice que es fantasía nuestra, y nada quiere creer de cuanto le he dicho sobre ese espantoso fantasma que hemos visto ya dos veces. Por eso le he suplicado que se venga a la guardia con nosotros, para que si esta noche vuelve el aparecido, pueda dar su asentimiento a nuestros ojos, y le hable si lo desea.

HORACIO.- ¡Qué! No, no aparecerá.

BERNARDO.- Descansemos un rato, y deja que profanemos nuevamente tus oídos con el suceso que tanto te repugna oír y que en dos noches seguidas hemos ya presenciado nosotros.

HORACIO.- Muy bien, sentémonos y oigamos lo que Bernardo nos explica.

BERNARDO.- La noche pasada, cuando esa misma estrella que está al occidente del polo había realizado ya su camino, para iluminar aquel espacio del cielo donde ahora brilla, Marcelo y yo, cuando el reloj daba la una...

Entra el Espectro cubierto con rica armadura y empuñando un bastón de mando.

MARCELO.- Silencio. Calla, observa por donde viene otra vez.

BERNARDO.- Con la misma figura que tenía el difunto Rey.

MARCELO.- Horacio, tú que eres hombre instruido, háblale.

BERNARDO.- ¿No se parece todo al Rey? Obsérvale, Horacio.

HORACIO.- Muy parecido es... Su vista me aturde con miedo y asombro.

BERNARDO.- Pretenderá que le hablen.

MARCELO.- Hazlo, Horacio.

HORACIO.- ¿Quién eres tú, que así robas este tiempo a la noche, y esa presencia noble y guerrera que tuvo un día la majestad del Soberano Danés, que yace en el sepulcro? Habla, por el Cielo te lo suplico.

MARCELO.- Parece que está colérico.

BERNARDO.- ¿Ves? Se va, como despreciándonos.

HORACIO.- Detente, habla. Yo te lo ordeno. Habla.

MARCELO.- Ya se marchó. No desea contestarnos.

BERNARDO.- ¿Qué tal, Horacio? Tú tiemblas y has mudado el semblante. ¿No es esto algo más que escrúpulo? ¿Qué te parece?

HORACIO.- Por Dios que nunca lo hubiera creído, sin la sensible y cierta demostración de mis propios ojos.

MARCELO.- ¿No es por completo parecido al Rey?

HORACIO.- Como tú a ti mismo. Y así era el arnés de que iba ceñido cuando peleó con el ambicioso Rey de Noruega, y así le vi arrugar ceñudo la frente cuando en un altercado colérico hizo caer al de Polonia sobre el hielo, de un solo golpe... ¡Extraña aparición es esta!

MARCELO.- Pues de esa forma, y a esta misma hora de la noche, se ha paseado dos veces con talante guerrero delante de nuestra guardia.

HORACIO.- Yo no comprendo el fin particular con que esto ocurre; pero en mi ruda manera de pensar, pronostica algún extraordinario cambio a nuestra nación.

MARCELO.- Sea como fuere, sentémonos y decidme, cualquiera de vosotros que lo sepa; ¿por qué fatigan todas las noches a los vasallos con estas guardias tan penosas y vigilantes? ¿Para qué es esta fundición de cañones de bronce y este acopio extranjero de máquinas de guerra? ¿A qué fin esa multitud de carpinteros de marina, precisados a un afán molesto, que no distingue el domingo de lo restante de la semana? ¿Qué causas pueden existir para que sudando el trabajador fatigado junte las noches a los días? ¿Quién de vosotros podrá explicármelo?

HORACIO.- Yo te lo revelaré, o a lo menos, los rumores que sobre esto circulan. Nuestro último monarca (cuya imagen tan cerca hemos tenido) fue provocado a combate, como ya sabéis, por Fortimbrás rey de Noruega estimulado este de la más orgullosa emulación. En aquel desafío, nuestro valeroso Hamlet (que tal renombre alcanzó en la parte del mundo que nos es conocida) mató a Fortimbrás, el cual por un contrato sellado y ratificado según el fuero de las armas, cedía al vencedor (dado caso que muriese en la pelea) todos aquellos territorios que estaban bajo su dominio. Nuestro Rey se obligó por su parte a cederle una porción equivalente, que hubiera pasado a manos de Fortimbrás, como herencia suya, si hubiese triunfado; así como, en virtud de aquel pacto y de los artículos estipulados, recayó todo en Hamlet. Ahora el joven Fortimbrás, de un carácter fogoso, falto de experiencia y lleno de orgullo, ha ido reclutando de aquí y de allí por las fronteras de Noruega, una turba de gente resuelta y aventurera, a quien la necesidad de la pitanza determina a intentar empresas que solicitan valor; y según claramente vemos, su fin no es otro que el de recobrar con violencia y a fuerza de armas los mencionados territorios que perdió su padre. Este es, supongo, el motivo principal de nuestros preparativos militares, el de esta guardia que hacemos, y la verdadera causa de la agitación y movimiento en que toda la nación se halla.

BERNARDO.- Si no es esa, yo no alcanzo cuál puede ser..., y en parte lo confirma la siniestra visión que se ha presentado armada en nuestro puesto de guardia, con la figura misma del Rey, que fue y es todavía el protagonista de estas guerras.

HORACIO.- Es por cierto una paja que nubla los ojos del entendimiento. En la época más gloriosa y feliz de Roma, poco antes que el poderoso Julio César cayese quedaron vacías las tumbas y los amortajados cadáveres vagaron por las calles de la ciudad, gimiendo con alaridos y confusas voces; las estrellas resplandecieron con encendidas colas, cayó lluvia de sangre, se escondió el sol entre celajes funestos y el húmedo planeta, cuya influencia al imperio de Neptuno, padeció eclipse como si el fin del mundo hubiese llegado. Hemos visto ya iguales anuncios de sucesos terribles, precursores que avisan los futuros destinos, el cielo y la tierra juntos los han manifestado a nuestro país y a nuestra gente... *(Vuelve a entrar el Espectro.)* Pero. Silencio... ¿Veis?..., allí... Otra vez vuelve... Aunque el terror me hiela, yo le quiero salir al encuentro. Detente, ilusión. Si puedes articular sonidos, si tienes voz háblame. Si allá donde estás puedes recibir algún alivio para tu descanso y mi perdón, háblame. Si sabes los hados que amenazan a tu país, los cuales felizmente previstos puedan evitarse, ¡ay!, habla... O si acaso, durante tu vida, acumulaste en las entrañas de la tierra mal encontrados tesoros, por lo que se dice que vosotros, infelices espíritus, después de la muerte vagáis inquietos; decláralo... Detente y habla... *(Se oye cantar el gallo.)* ¡Detenle, Marcelo!

MARCELO.- ¿Le daré con mi alabarda?

HORACIO.- Sí, hiérele, si no quiere detenerse.

BERNARDO.- Aquí está.

HORACIO.- Aquí. *(Desaparece el Espectro.)*

MARCELO.- Se ha ido. Nosotros le ofendemos, siendo él un Soberano, en hacer demostraciones de violencia. Bien que, según parece, es invulnerable como el aire, y nuestros esfuerzos vanos y estúpida burla.

BERNARDO.- Él iba ya a hablarnos cuando el gallo cantó.

HORACIO.- Es verdad, y al punto se estremeció como si fuera culpable de una terrible acusación. Yo he oído decir que el gallo, clarín de la mañana, hace despertar al Dios del día con la alta y aguda voz de su garganta sonora, y que a este aviso, todo extraño espíritu errante por la tierra o el mar, el fuego o el aire, huye a su escondrijo; y el espectro que hemos visto acaba de confirmar la verdad de esta opinión.

MARCELO.- En efecto, desapareció al cantar el gallo. Algunos dicen que cuando se acerca el tiempo en que se celebra el nacimiento de nuestro Redentor, el ave de la aurora canta toda la noche y entonces ningún espíritu se atreve a salir de su morada, las noches son transparentes, ningún planeta choca siniestramente, ningún hechizo produce efecto, ni las hadas tienen poder para

sus encantos. ¡Tan sagrados y llenos de gracia son aquellos días!

HORACIO.- Yo también lo tengo entendido así y en parte
lo creo. Pero ved cómo ya la mañana, cubierta con la
rosada túnica, viene pisando el rocío de aquel alto co-
llado por el oriente. Demos la guardia por terminada, y
soy de la opinión que contemos al joven Hamlet lo que
hemos visto esta noche, porque yo tengo el convenci-
miento que este espíritu hablará con él, aunque ha sido
para nosotros mudo. ¿No os parece que le informemos,
como prueba de nuestro celo y tan propia de nuestra
obligación?

MARCELO.- Sí, sí, hagámoslo. Yo sé en donde le hallaremos
esta mañana, con más seguridad. *(Se van.)*

ESCENA II

Salón de Palacio.

*Toque de trompeta. Entran Claudio, Gertrudis, Hamlet,
Polonio, Laertes, Voltimand, Cornelio, Caballeros, Damas
y acompañamiento.*

CLAUDIO.- Aunque la muerte de mi querido hermano
Hamlet está todavía tan reciente en nuestra memoria,
que obliga a mantener en tristeza los corazones y a
que en todo el Reino sólo se contemple la imagen del
dolor; con todo eso, tanto ha combatido en mí la razón
a la naturaleza, que he conservado un prudente sentimiento de su pérdida, junto con la memoria de lo
que a nosotros nos debemos. A este fin he recibido por
esposa, a la que un tiempo fue nuestra cuñada y hoy
reina conmigo, compañera en el trono de esta belicosa

nación; si bien estas alegrías son imperfectas, pues en ellas se han unido a la felicidad las lágrimas, las fiestas a la pompa fúnebre, los cánticos de muerte a los epitalamios de Himeneo, pesados en igual balanza el placer y la aflicción. Ni hemos dejado de seguir los dictámenes de vuestra sabiduría, que en esta ocasión ha procedido con absoluta libertad de lo cual os quedo muy agradecido. Ahora falta deciros, que el joven Fortimbrás, estimándome en poco, o creyendo que la reciente muerte de mi querido hermano habrá provocado en el Reino trastorno y desunión; fiado en esta soñada ventaja, no ha cesado de importunarme con mensajes, pidiéndome le restituya aquellas tierras que perdió su padre y adquirió mi valeroso hermano, con todas las formalidades de la ley. Basta ya lo que de él he dicho. Por lo que a mí toca y en cuanto al objeto que hoy nos reúne; helo aquí. Escribo al Rey de Noruega, tío del joven Fortimbrás, que doliente y postrado en el lecho apenas tiene noticia de los proyectos de su sobrino, a fin de que le impida llevarlos adelante, pues tengo ya exactos informes de la tropa que apresta contra mí, su calidad, su número y fuerzas. Prudente Cornelio, y tú Voltimand, vosotros saludaréis en mi nombre al anciano Rey; aunque no os doy mayores atribuciones personales para celebrar con él tratado alguno, que exceda los límites expresados en estos artículos. Id con Dios, y espero que manifestaréis en vuestra diligencia el celo de servirme.

VOLTIMAND.- En esto, como en todo, os daremos pruebas de nuestra obediencia.

CLAUDIO.- No lo dudaré. Partid enhorabuena. *(Se van Voltimand y Cornelio.)* Y tú, Laertes, ¿qué noticias traes? Me has hablado de una pretensión, ¿no me dirás cuál sea? En cualquiera cosa justa que solicitas al Rey de Dinamarca, no será vano el ruego. ¿Ni qué podrás pedirme que no sea más ofrecimiento mío, que demanda tuya? No es más adicto a la cabeza el corazón ni más pronta la mano en servir a la boca, que lo es el trono de Dinamarca para con tu padre. En fin, ¿qué deseas?

LAERTES.- Respetable Soberano, solicito la gracia de vuestro permiso para regresar a Francia. De allí he venido voluntariamente a Dinamarca a manifestaros mi leal estima, con motivo de vuestra coronación; pero ya cumplida esta obligación, fuerza es confesaros que mis ideas y mi inclinación me llaman de nuevo a aquel país, y aguardo de vuestra mucha bondad esta licencia.

CLAUDIO.- ¿Has obtenido ya la de tu padre? ¿Qué dices Polonio?

POLONIO.- A fuerza de insistentes peticiones ha conseguido arrancar mi tardío consentimiento. Al verle tan inclinado, firmé últimamente la licencia de que se vaya, aunque a pesar mío; y os ruego, señor, que se la deis.

CLAUDIO.- Elige el tiempo que te parezca más oportuno para marchar, y haz cuanto gustes y sea más conducente a tu felicidad. Y tú, Hamlet, ¡mi deudo, mi hijo!

HAMLET.- *(Aparte)* Algo más que deudo, y menos que hijo.

CLAUDIO.- ¿Qué sombras de tristeza te cubren siempre?

HAMLET.- Al contrario, señor, estoy demasiado expuesto al sol.

GERTRUDIS.- Mi buen Hamlet, no así tu semblante manifieste aflicción; véase en él que eres amigo del rey de Dinamarca; ni siempre con abatidos párpados busques entre el polvo a tu generoso padre. Tú lo sabes, común es a todos, el que vive debe morir, pasando de la naturaleza a la eternidad.

HAMLET.- Sí señora, a todos es común.

GERTRUDIS.- Pues si lo es, ¿por qué aparentas que te afecta tanto?

HAMLET.- ¿Aparentar? No señora, yo no sé aparentar. Ni el color negro de este manto, ni el traje acostumbrado en solemnes lutos, ni los interrumpidos sollozos, ni en los ojos un abundante río, ni la dolorida expresión del semblante, junto con las fórmulas, los ademanes, las exterioridades de sentimiento; serán suficientes por sí solos, mi querida madre, para manifestar el verdadero afecto que me ocupa el ánimo. Estos signos aparentan, es verdad; pero son acciones que un hombre puede fingir... Aquí, aquí dentro tengo lo que es más que apariencia, lo restante no es otra cosa que el disfraz del infortunio.

CLAUDIO.- Digno y laudable es que tu corazón pague a un padre esa lúgubre deuda, Hamlet; pero, no debes ignorarlo, tu padre perdió un padre también y aquel perdió el suyo. El que sobrevive, limita la filial obligación de su obsequiosa tristeza por algún tiempo; pero perseverar en interminable desconsuelo, es una conducta de obstinación impía. Ni es natural en el hombre tan permanente afecto; que anuncia una voluntad rebelde a los decretos de la Providencia, un corazón débil, un alma indócil, un talento simple y falto de entendederas. ¿Será bien que el corazón padezca, queriendo neciamente resistir a lo que es y debe ser inevitable, a lo que es tan común como cualquiera de las cosas que más frecuentemente hieren nuestros sentidos? Este es un delito contra el Cielo, contra la muerte, contra la naturaleza misma; es hacer una ofensa absurda a la razón, que nos ofrece en la muerte de nuestros padres la más frecuente de sus lecciones, y que nos está clamando, desde el primero de los hombres hasta el último que hoy expira: Mortales, ved aquí vuestra irrevocable suerte. Modera, pues, yo te lo imploro, esa inútil tristeza, considera que tienes un padre en mi persona, que debe ser notorio al mundo que tú eres el deudo más cercano a mi trono y que te amo con el afecto más puro que puede tener a su hijo un padre. Tu resolución de volver a los estudios de Wittemberg es la más opuesta a nuestro deseo, y antes bien te rogamos que desistas de ella; permaneciendo aquí, estimado y querido a vista nuestra, como el primero de mis cortesanos, mi pariente y mi hijo.

GERTRUDIS.- Yo te ruego Hamlet, que no vayas a Wittemberg; quédate con nosotros. No sean inútiles las súplicas de tu madre.

HAMLET.- Obedeceros en todo será siempre mi primer deseo.

CLAUDIO.- Por esa afectuosa y grata respuesta quiero que seas otro yo en el imperio danés. Venid, señora. La sincera y fiel condescendencia de Hamlet ha repleto de alegría mi corazón. En aplauso de este acontecimiento, no celebrará hoy Dinamarca festivos brindis sin que lo anuncie a las nubes el potente cañón, y el cielo retumbe muchas veces a las aclamaciones del Rey repitiendo el trueno de la tierra. Venid.

Toques de trompeta. Salen todos menos Hamlet.

HAMLET.- ¡Oh! ¡Si esta carne tan densa, tan compacta pudiera ablandarse y liquidarse, disuelta en lluvia de lágrimas! ¡O si el Todopoderoso no asestara el cañón contra el homicida de sí mismo! ¡Oh! ¡Dios! ¡Oh! ¡Dios mío! ¡Cuán fatigado ya de todo, juzgo molestos, insípidos y vanos los placeres de este mundo! Nada, nada apetezco de él, es un campo inculto y salvaje, que sólo abunda en frutos podridos y amargos. ¡Que esto haya llegado a ocurrir a los dos meses que él ha muerto! No, ni tanto, todavía no hace ni dos meses. Aquel excelente Rey, que fue comparado con este, como con un Sátiro, Hiperión; tan amante de mi madre, que ni a los aires celestes consentía llegar atrevidos a su rostro. ¡Oh! ¡Cielo y tierra! ¿Para qué conservo la memoria? Ella, que se le mostraba tan amorosa como si en la posesión hubieran crecido sus deseos. Y sin embargo, en un mes... ¡Ah! no quisiera pensar en esto. ¡Fragilidad! ¡Tú tienes nombre de mujer! En el breve espacio de un mes y todavía antes de romper los zapatos con que, semejante a Niobe, bañada en lágrimas, acompañó el cuerpo de mi triste padre... Sí, ella, ella misma. ¡Cielos! Una fiera, incapaz de razón y discurso, hubiera mostrado una aflicción más duradera. Se ha casado, en fin, con mi tío, hermano de mi padre; pero no más parecido a él que yo lo soy a Hércules. En un mes... enrojecidos todavía los ojos con el hipócrita llanto, se casó. ¡Ah! ¡Delincuente precipitación! ¡Ir a ocupar con tal diligencia un lecho incestuoso!* Ni esto es bueno, ni puede producir bien. Pero, hazte pedazos corazón mío, que mi lengua debe enmudecer.

Entran Horacio, Bernardo y Marcelo

HORACIO.- Buenos días, señor.

HAMLET.- Me alegro de verte bueno... ¿Es Horacio? O me he olvidado de mí mismo.

HORACIO.- El mismo soy, y siempre vuestro humilde criado.

HAMLET.- Mi buen amigo, yo quiero trocar contigo ese título que te das. ¿A qué has venido de Wittemberg? ¡Ah! ¡Marcelo!

---

* Los cánones de la Iglesia protestante y católica consideraban entonces incestuoso el matrimonio con el hermano del esposo difunto.

MARCELO.- Señor.

HAMLET.- Mucho me alegro de verte con salud también. Pero, la verdad, ¿a qué has venido de Wittemberg?

HORACIO.- Señor..., mi inclinación a la holganza.

HAMLET.- No quisiera oír de boca de tu enemigo otro tanto, ni podrás forzar mis oídos a que admitan una disculpa que te ofende. Yo sé bien que no eres vagabundo. Pero, dime, ¿qué asuntos tienes en Elsingor? Aquí te enseñaremos a libar a fondo antes de que te vayas.

HORACIO.- He venido a asistir a los funerales de vuestro padre.

HAMLET.- No te burles de mí, por Dios, compañero. Yo creo que habrás venido a las bodas de mi madre.

HORACIO.- Es verdad, como se han celebrado tan rápidamente.

HAMLET.- Economía, Horacio, economía. Todavía no se habían enfriado los manjares cocidos para el convite del duelo, cuando se sirvieron en las mesas del himeneo... ¡Oh! yo quisiera haberme hallado en el cielo con mi mayor enemigo, antes que haber visto aquel día. ¡Mi padre!... Me parece que veo a mi padre.

HORACIO.- ¿En dónde, señor?

HAMLET.- Con los ojos del alma, Horacio.

HORACIO.- Alguna vez le vi. Fue un gran monarca.

HAMLET.- Era un hombre tan cabal en todo que no espero hallar otro que se le parezca.

HORACIO.- Alteza, yo creo que le vi anoche.

HAMLET.- ¿Le viste? ¿A quién?

HORACIO.- Al Rey vuestro padre.

HAMLET.- ¿Al Rey mi padre?

HORACIO.- Prestadme oído atento, suspendiendo un rato vuestro asombro, mientras os relato este caso maravilloso apoyado con el testimonio de estos caballeros.

HAMLET.- Sí, por Dios. Te escucho impaciente.

HORACIO.- Estos dos caballeros, Marcelo y Bernardo, le habían visto dos veces hallándose de guardia, como a la mitad de la profunda noche. Una figura, semejante a vuestro padre, armada según él solía de pies a cabeza, se les puso delante, caminando grave, despacio y majestuoso por donde ellos se hallaban. Tres veces pasó de esta manera ante sus ojos, que infundía pavor, acercándose hasta donde ellos podían alcanzar con sus lanzas; pero débiles y casi helados con el miedo, permanecieron mudos sin osar hablarle. Me contaron este secreto horrible. Hice la guardia con ellos la tercera noche, y allí encontré ser cierto cuanto me habían dicho, así en la hora, como en la forma y circunstancias de aquella aparición. La Sombra volvió en efecto. Yo conocí a vuestro padre, y es tan parecido a él, como lo son entre sí estas dos manos mías.

HAMLET.- ¿Y en dónde fue eso?

MARCELO.- En la muralla de palacio, donde estábamos de guardia.

HAMLET.- ¿Y no le hablasteis?

HORACIO.- Sí señor, yo le hablé; pero no me dio respuesta alguna. Sin embargo, una vez me parece que alzó la cabeza haciendo con ella un movimiento, como si fuese a hablarme; pero al mismo tiempo se oyó la aguda voz del gallo matutino y al sonido huyó con paso presuroso, desapareciendo de nuestra vista.

HAMLET.- ¡Es cosa muy extraña!

HORACIO.- Y tan cierta como mi propia existencia. Nosotros hemos creído que era obligación nuestra avisaros de ello, mi honorable Príncipe.

HAMLET.- Sí, amigos, sí... pero esto me llena de inquietud. ¿Estáis de centinela esta noche?

TODOS.- Sí, señor.

HAMLET.- ¿Decís que iba armado?

TODOS.- Sí, señor, armado.

HAMLET.- ¿De la cabeza a los pies?

TODOS.- Sí, señor, de arriba a abajo.

HAMLET.- Luego no le visteis la cara.

HORACIO.- Le vimos, porque traía la celada alzada.

HAMLET.- ¿Y qué? ¿Parecía que estaba irritado?

HORACIO.- Más anunciaba su semblante el dolor que la cólera.

HAMLET.- ¿Pálido o encendido?

HORACIO.- Muy pálido.

HAMLET.- ¿Y fijaba la vista en vosotros?

HORACIO.- Sin quitarme el ojo.

HAMLET.- Yo hubiera deseado hallarme allí.

HORACIO.- Mucho pavor os hubiera producido.

HAMLET.- Sí, es verdad, sí... ¿Y permaneció mucho tiempo?

HORACIO.- El que puede emplearse en contar desde uno hasta ciento, con moderada tranquilidad.

MARCELO.- Más, más estuvo.

HORACIO.- Cuando yo le vi, no.

HAMLET.- La barba entrecana, ¿eh?

HORACIO.- Sí, señor, como yo se la había visto cuando vivía; de un color negro y plateado.

HAMLET.- Deseo ir esta noche con vosotros al puesto de guardia, por si acaso vuelve.

HORACIO.- ¡Oh! Sí regresará, yo os lo aseguro.

HAMLET.- Si él se me presenta en la figura de mi noble padre yo le hablaré aunque el infierno mismo abriendo sus entrañas me haga enmudecer. Yo os ruego a todos que así como hasta ahora habéis callado a los demás, lo que visteis, de hoy en adelante lo ocultéis con el mayor sigilo; y sea cual fuere el suceso de esta noche, fiadlo al pensamiento, pero no a la lengua; y yo sabré recompensar vuestro celo. Dios os guarde, amigos. Entre once y doce iré a buscaros a la explanada.

Todos.- Nuestra obligación es serviros.

Hamlet.- Sí, conservadme vuestro amor y estad seguros del mío. Adiós. *(Salen todos menos Hamlet)* El espíritu de mi padre... Con armas... No es esto bueno. Recelo alguna maldad. ¡Oh! ¡Si la noche hubiese ya llegado! Esperémosla tranquilamente, alma mía. Las malas acciones, aunque toda la tierra las esconda, se descubren al fin a la vista de los hombres. *(Se va.)*

Escena III

Sala de la casa de Polonio.

Entran Laertes y su hermana Ofelia.

Laertes.- Ya tengo todo mi equipaje a bordo. Adiós hermana, y cuando los vientos sean favorables y seguro el paso del mar, no te descuides en darme noticias tuyas.

Ofelia.- ¿Puedes dudarlo?

Laertes.- Por lo que hace a los frívolos galanteos de Hamlet, debes considerarlo como un mero capricho, un hervor de la sangre, una violeta que en la primavera juvenil de la naturaleza se adelanta a vivir y no permanece hermosa, no durable: perfume de un momento y nada más.

Ofelia.- ¿Nada más que eso?

Laertes.- Pienso que no, porque no sólo en nuestra juventud se aumentan las fuerzas y el tamaño del cuerpo, sino que las facultades interiores del talento y del alma crecen también con el templo en que ella reside. Es probable que él te ame ahora con sinceridad, sin que manche borrón alguno la pureza de su intención; pero debes temer, al considerar su grandeza, que no tiene voluntad propia y que vive esclavo del obrar según a su nacimiento corresponde. Él no puede como una persona vulgar, elegir por sí mismo; puesto que de su elección depende la salud y prosperidad de todo un Reino y ve aquí por qué esta elección debe arreglarse al asentimiento unánime de aquel cuerpo de quien es cabeza. Así, pues, cuando él diga que te ama, deberás tomarlo con cautela; reflexionando que en el alto rango que ocupa puede cumplir lo que promete, sin oponerse a la razón de Estado. Considera cuál pérdida padecería tu honor, si con demasiada credulidad dieras oídos a su voz lisonjera, perdiendo la libertad del corazón o facilitando a sus instancias impetuosas el tesoro de tu honestidad. Recela, Ofelia, recela querida hermana, no sigas inconsiderada tu inclinación; huye del peligro colocándote fuera del tiro de los amorosos galanteos. La doncella más honesta, es libre en exceso, si descubre su belleza al rayo de la luna. La virtud misma no puede librarse de los golpes calumniosos. Muchas veces el gusano roe las flores hijas de la primavera, aun antes que se rompan sus capullos, y al tiempo que la aurora matutina de la juventud esparce su blando rocío, los vientos contagiosos son más frecuentes. Conviene, pues, no omitir precaución alguna, pues la mayor seguridad anida en el temor prudente. La juventud, aun cuando nadie la hostigue, encuentra en sí misma su propio enemigo.

OFELIA.- Yo conservaré para defensa de mi corazón tus saludables máximas. Pero, mi buen hermano, mira no hagas tú lo que algunos rígidos clérigos hacen mostrando áspero y espinoso el camino del Cielo, mientras como impíos y abandonados libertinos pisan ellos la senda florida de los placeres; sin cuidarse de practicar lo que predican.

LAERTES.- ¡Oh! No lo receles. Yo me detengo demasiado; pero allí viene mi padre, pues la ocasión es favorable me despediré de él otra vez. Su bendición repetida será un nuevo lenitivo para mí.

Entra Polonio.

POLONIO.- ¿Aún estás aquí? ¡Qué vergüenza! A bordo, a bordo, el viento impele ya por la popa tus velas, y a ti sólo aguardan. Recibe mi bendición y procura imprimir en la memoria estos pocos preceptos. No des lengua ni acción a lo que pienses, ni ejecutes cosa no bien premeditada primero. Debes ser afable, pero jamás grosero en el trato. Une a tu alma con vínculos de acero aquellos amigos que adoptaste después de examinada su conducta; pero no te ofrezcas con mano pródiga a los que acaban de salir del cascarón y todavía están sin plumas. Huye siempre de mezclarte en peleas; pero una vez metido en ellas, actúa de forma que tu contrario se bata en retirada. Presta el oído a todos y a pocos la voz. Escucha las censuras de los demás; pero reserva tu propia opinión. Sea tu vestido tan costoso cuanto tu bolsa lo permita; pero no afectado en su hechura, rico, no extravagante, porque el traje dice por lo común quién es el sujeto, y los caballeros y principales señores franceses tienen el gusto muy delicado en esta cuestión. Procura no dar ni pedir prestado a nadie, porque el que presta suele perder a un tiempo el dinero y el amigo, y el que se acostumbra a pedir prestado embota el espíritu de economía y buen orden, que nos es tan útil. Pero, sobre todo, sé since-ro contigo mismo, y no podrás ser falso con los demás, consecuencia tan necesaria como que la noche suceda al día. Adiós y Él permita que mi bendición haga fruc-tificar en ti estos consejos.

LAERTES.- Humildemente solicito vuestro permiso.

POLONIO.- Sí, el tiempo te está convidando y tus criados esperan; vete.

LAERTES.- Adiós, Ofelia, y acuérdate bien de lo que te he dicho.

OFELIA.- En mi memoria queda guardado y tú mismo tendrás la llave.

LAERTES.- Dios os guarde. *(Sale Laertes.)*

POLONIO.- ¿Y qué es lo que te ha dicho, Ofelia?

OFELIA.- Si gustáis de saberlo, cosas eran relativas al Prín-cipe Hamlet.

POLONIO.- ¡A fe muy oportuno! Me han dicho que de poco tiempo a esta parte te ha visitado varias veces privadamente, y que tú le has admitido con mucha complacencia y libertad. Si esto es así (como me lo han asegurado, a fin de que prevenga el riesgo) debo adver-tirte que no te has portado con aquella delicadeza que corresponde a una hija mía y a tu propio honor. ¿Qué es lo que ha pasado entre los dos? Dime la verdad.

OFELIA.- Últimamente me ha declarado con mucha ter-nura su inclinación hacia mí.

POLONIO.- ¿Inclinación? ¡Ah! Tú hablas como una mu-chacha inocente y sin experiencia, en circunstancias tan peligrosas. ¡Ternura la llamas! ¿Y tú crees en esa ter-nura?

OFELIA.- Yo, señor, no sé lo que debo creer.

POLONIO.- Yo te lo diré. Piensa bien que eres una niña, que has recibido por verdadera paga esas ternuras que no son moneda corriente. Estímate en más a ti propia; pues si te aprecias en menos de lo que vales (por seguir la comenzada alusión) me estás mostrando a mí como un necio.

OFELIA.- Él me ha declarado su cariño, es verdad; pero siempre con una apariencia honesta, que...

POLONIO.- Sí, por cierto, apariencia puedes llamarla. ¿Y bien? Prosigue.

OFELIA.- Y autorizó cuanto me decía con los más sagrados juramentos.

POLONIO.- Sí, esas son redes para coger perdices. Yo sé muy bien, cuando la sangre hierve, con cuánta prodigalidad presta el alma juramentos a la lengua; pero son relámpagos, hija mía, que dan más luz que calor; estos y aquellos se apagan pronto y no debes tomarlos por fuego verdadero, ni aun en el instante mismo en que parece que sus promesas van a efectuarse. De hoy en adelante cuida de ser más avara de tu presencia virginal; pon tu conversación a precio más alto, y no a la primera insinuación admitas parlamentos. Por lo que respecta al Príncipe, debes creer de él solamente que es joven y varón, y que si una vez afloja las riendas pasará más allá de lo que tú le puedes permitir. En suma, Ofelia, no creas sus palabras que son alcahueterías, ni es verdadero el color que aparentan; son intercesoras de profanos deseos, y si parecen sagrados y piadosos votos, es sólo para engañar mejor. Por último, te digo claramente, que desde hoy no quiero que pierdas los momentos ociosos en hablar, ni mantener conversación con el Príncipe. Cuidado con hacerlo así: yo te lo ordeno. Vete a tu aposento.

OFELIA.- Cumpliré vuestras órdenes.

ESCENA IV

Explanada delante del Palacio. Noche oscura.

Entran Hamlet, Horacio y Marcelo.

HAMLET.- El aire es gélido y muerde con saña.

HORACIO.- En efecto, es agudo y penetrante.

HAMLET.- ¿Qué hora es ya?

HORACIO.- Me parece que van a dar las doce.

MARCELO.- No, ya han sonado.

HORACIO.- No las he oído. Pues en tal caso ya está cerca el momento en que el espectro suele aparecer. Pero, ¿qué significa este ruido, señor?

HAMLET.- Esta noche se huelga el Rey, pasándola desvelado en un banquete, con gran vocería y traspieses de embriaguez y a cada copa del Rhin que bebe, los timbales y trompetas anuncian con estrépito sus victoriosos brindis.

HORACIO.- ¿Se acostumbra eso aquí?

HAMLET.- Sí, se acostumbra, pero aunque he nacido en este país y estoy hecho a sus tradiciones, me parece que sería más decoroso quebrantarlas que seguirlas. Un exceso tal que embrutece el entendimiento nos infama a los ojos de las otras naciones, desde oriente a occidente. Nos llaman borrachos; manchan nuestra fama con este dictado afrentoso y en verdad que él solo, por más que poseamos en alto grado otras buenas cualidades, basta a empañar el lustre de nuestra reputación. Así acontece con frecuencia a algunos hombres. Cualquier defecto natural en ellos, sea el de su nacimiento, del cual no son culpables (puesto que nadie puede escoger su origen), sea cualquier desorden ocurrido en su carácter, que muchas veces rompe los límites y reparos de la razón, o sea cualquier hábito que se propase demasiado de las costumbres recibidas llevando estos hombres consigo el signo de un solo defecto que imprimió en ellos la naturaleza o el fracaso, aunque sus virtudes fuesen tantas cuantas son concedidas a un mortal, y tan puras como la bondad celeste; se verán sin embargo, amancilladas en el común sentir, por aquella única falta que las acompaña. Una gota de mezcla quita el valor al más precioso metal y le desacredita.

Aparece el Espectro.

HORACIO.- ¿Veis? Señor, ya viene.

HAMLET.- ¡Ángeles y ministros de piedad, defendednos! Ya seas alma dichosa o condenada visión, traigas contigo aura celestial o ardores del infierno, sea malvada o benéfica intención la tuya en tal forma te me presentas, que es preciso que yo te hable. Sí, te he de hablar... Hamlet, mi Rey, mi Padre, Soberano de Dinamarca... ¡Oh, respóndeme, no me hagas sufrir con la duda! Dime, ¿por qué tus venerables huesos, ya sepultados, han roto su mortaja? ¿Por qué el sepulcro donde te dimos urna pacífica te ha echado de sí, abriendo sus senos que cerraban pesados mármoles? ¿Cuál puede ser la causa de que tu difunto cuerpo, revestido de acero, vuelva otra vez a ver los pálidos rayos de la luna, añadiendo a la noche el espanto? ¿Y que nosotros, ignorantes y débiles por naturaleza, padezcamos agitación tremenda con ideas que exceden a los alcances de nuestra alma? Di, ¿por qué es esto? ¿Por qué?, o ¿cómo debemos actuar?

HORACIO.- Os hace señas de que le sigáis, como si deseara comunicaros algo a vos solamente.

MARCELO.- Ved con qué expresivo ademán os indica que le acompañéis más lejos; pero no hay que ir con él.

HORACIO.- No, por ningún motivo.

HAMLET.- Si no quiere hablar, habré de seguirle.

HORACIO.- No hagáis tal, señor.

HAMLET.- ¿Y por qué no? ¿Qué temores debo tener? Yo no estimo nada la vida, en nada, y a mi alma, ¿qué puede él hacerle, siendo como él mismo cosa inmortal?... Otra vez me llama... ¡Voy a seguirle!

HORACIO.- Pero, señor, si os arrebata al mar o a la espantosa cima de ese acantilado, levantado sobre los que baten las olas, y allí tomase alguna otra forma horrible, capaz de privaros el uso de la razón, y enajenarla con frenesí... ¡Ay! Pensadlo bien. El lugar sólo inspira ideas siniestras a cualquiera que mire la enorme distancia desde aquella cumbre al mar, y sienta en la profundidad su rugido ronco.

HAMLET.- Todavía me llama... Camina. Ya te sigo.

MARCELO.- No señor, no iréis.

HAMLET.- Dejadme.

HORACIO.- Sed sensato, no le sigáis.

HAMLET.- Mi destino me conduce y presta a la menor fibra de mi cuerpo la nerviosa robustez del león de Nemea. Sigue llamándome... Señores, apartad esas manos... Por Dios..., o convertiré en espectro al que me detenga. *(Saca la espada.)* ¡Atrás os oigo! Vamos, ya te sigo. *(Se van el Espectro y Hamlet.)*

HORACIO.- Su exaltada imaginación le ha trastornado.

MARCELO.- Sigámosle, que en esto no debemos obedecerle.

HORACIO.- Sí, vamos detrás de él... ¿Cuál será el fin de este suceso?

MARCELO.- Algo podrido huele en Dinamarca.

HORACIO.- Los Cielos nos asistan.

MARCELO.- Vamos, sigámosle. *(Se van.)*

ESCENA V

Parte remota cercana al mar. Vista a lo lejos del Palacio de Elsingor.

Entran Hamlet y El Espectro

HAMLET.- ¿Adónde me quieres llevar? Habla, yo no paso de aquí.

ESPECTRO.- Mírame.

HAMLET.- Ya te miro.

ESPECTRO.- Casi es ya llegada la hora en que debo restituirme a las sulfúreas y atormentadoras llamas.

HAMLET.- ¡Oh! ¡Alma infeliz!

ESPECTRO.- No me compadezcas: presta sólo atentos oídos a lo que voy a revelarte.

HAMLET.- Habla, yo te prometo atención.

ESPECTRO.- Luego que me oigas, prometerás venganza.

HAMLET.- ¿Por qué?

ESPECTRO.- Yo soy el alma de tu padre: destinada por cierto tiempo a vagar de noche y aprisionada en fuego durante el día; hasta que sus llamas purifiquen las culpas que cometí en el mundo. ¡Oh! Si no me fuera vedado manifestar los secretos de la prisión que habito, pudiera decirte cosas que la menor de ellas bastaría para despedazar tu alma, helar tu sangre juvenil, tus ojos, inflamados como estrellas, saltarían de sus órbitas; tus anudados cabellos, separarse, erizándose como las púas del colérico puercoespín. Pero estos eternos misterios no son para los oídos humanos. Atiende, atiende, ¡ay! Atiende. Si tuviste amor a tu tierno padre...

HAMLET.- ¡Oh, Dios!

ESPECTRO.- Venga su muerte: venga un homicidio cruel y atroz.

HAMLET.- ¿Homicidio?

ESPECTRO.- Sí, homicidio cruel, como todos lo son; pero el más cruel y el más injusto y el más monstruoso.

HAMLET.- Refiéremelo presto, para que con alas veloces, como la fantasía, o con la prontitud de los pensamientos amorosos, va volando a la venganza.

ESPECTRO.- Ya veo cuán dispuesto te hallas, y aunque tan insensible fueras como las malezas que se pudren incultas en las orillas del Letheo, no dejaría de conmoverte lo que voy a decir. Escúchame ahora, Hamlet. Se difundió la voz de que estando en mi jardín dormido un reptil me mordió. Todos los oídos de Dinamarca fueron groseramente engañados con esta fabulosa invención; pero tú debes saber, mancebo generoso, que la serpiente que mordió a tu padre, hoy ciñe su corona.

HAMLET.- ¡Oh! Me lo decía el corazón, ¿mi tío?

ESPECTRO.- Sí, aquel incestuoso, aquel monstruo adúltero, valiéndose de su talento diabólico, valiéndose de traidoras dádivas... ¡Oh! ¡Talento y dádivas malditas que tal poder tenéis para seducir!... Supo inclinar a su deshonesto apetito la voluntad de la Reina mi esposa, que yo creía tan llena de virtud. ¡Oh! ¡Hamlet! ¡Cuán grande fue su caída! Yo, cuyo amor para con ella fue tan noble... Yo, siempre tan fiel a los solemnes juramentos que en nuestro desposorio la hice, yo fui aborrecido y se rindió a aquel canalla, cuyas prendas eran en verdad tan inferiores a las mías. Pero, así como la virtud será incorruptible aunque la disolución procure excitarla bajo divina forma, así la lujuria aunque viviese unida a un Ángel radiante, profanará con oprobio su tálamo celeste... Pero ya me parece que percibo el aura matinal. Debo ser breve. Dormía yo una tarde en mi jardín según lo acostumbraba siempre. Tu tío me sorprende en aquella hora de quietud, y trayendo consigo una ampolla de licor venenoso, derrama en mi oído su ponzoñosa destilación, la cual, de tal forma es contraria a la sangre del hombre, que semejante en la sutileza al azogue, se dilata por todas las entradas y conductos del cuerpo, y con rápida fuerza le ocupa, cuajando la más pura y robusta sangre, como la leche con las gotas ácidas. Este efecto se produjo pronto en mí, y la piel hinchada comenzó a despegarse a trechos con una especie de lepra en ásperas y asquerosas costras. Así fue que estando durmiendo, perdí a manos de mi hermano mismo, mi corona, mi esposa y mi vida a un tiempo. Perdí la vida, cuando mi pecado estaba en todo su vigor, sin hallarme dispuesto para aquel trance, sin haber recibido la confesión, sin óleos, sin unción, sin lugar al reconocimiento de tanta culpa: presentado al tribunal eterno con todas mis imperfecciones sobre mi cabeza. ¡Oh! ¡Maldad horrible, horrible!... Si oyes la voz de la naturaleza, no consientas, no, que el tálamo real de Dinamarca sea el lecho de la lujuria y abominable incesto. Pero, de cualquier modo que dirijas la acción, no manches con delito el alma, previniendo ofensas a tu madre. Abandona este cuidado al Cielo: deja que aquellas agudas espinas que tiene fijas en su pecho, la hieran y torturen. Adiós. Ya la luciérnaga amortiguando su aparente fuego nos anuncia la proximidad del día. Adiós. Adiós. Acuérdate de mí. *(Se va.)*

HAMLET.- ¡Oh! ¡Vosotros ejércitos celestiales! ¡Oh! ¡Tierra!... ¿Y quién más? ¿Invocaré al infierno también? ¡Eh! No... Tranquilízate corazón mío, tranquilízate, y vosotros mis nervios no así os debilitéis en un momento: sostenedme robustos... ¡Acordarme de ti! Sí, alma infeliz, mientras haya memoria en este agitado mundo. ¡Acordarme de ti! Sí, yo me acordaré, y yo borraré de mi memoria todos los recuerdos vanos, las sentencias de los libros, las ideas e impresiones pasadas que han copiado allí la juventud y la observación. Solo tu mandato, sin mezcla de otra cosa menos digna, vivirá escrito en el volumen de mi mente. Sí, por los cielos te lo juro... ¡Oh, mujer, la más delincuente! ¡Oh! ¡Malvado! ¡Halagüeño y execrable canalla! Conviene que yo apunte en este libro... Sí... Que un hombre puede halagar y sonreírse y ser un malvado; a lo menos, estoy seguro de que en Dinamarca hay un hombre así, y este es mi tío... Sí, tú eres... ¡Ah! Pero la expresión que debo conservar, es esta. Adiós, adiós, acuérdate de mí. *(Se arrodilla y pone la mano sobre la cruz de la espada.)* ¡Lo he jurado!

HORACIO Y MARCELO.- *(Dentro.)* ¡Señor, señor! *(Entran.)*

MARCELO.- ¡Alteza!

HORACIO.- Los Cielos te asistan.

HAMLET.- ¡Oh! Háganlo así. *(Se levanta.)*

HORACIO.- ¡Ohé, ohé! ¡Príncipe Hamlet!

HAMLET.- ¡Ohé, ohé, eh muchacho! Ven, pajarito, ven.

MARCELO.- ¿Qué ha sucedido?

HORACIO.- ¿Qué noticias nos dais?

HAMLET.- ¡Oh! Maravillosas.

HORACIO.- Mi amado señor, decidlas.

HAMLET.- No, que lo revelaréis.

HORACIO.- No, yo os prometo que no haré tal.

MARCELO.- Ni yo tampoco.

HAMLET.- ¿Qué corazón humano lo creyera? Pero ¿guardaréis el secreto?

Horacio y MARCELO.- Sí señor, yo os lo juro.

HAMLET.- No existe en toda Dinamarca un infame..., que no sea un gran malvado.

HORACIO.- Pero, no era necesario, señor, que un espectro saliera de su tumba a persuadirnos esa verdad.

HAMLET.- Sí, cierto, tenéis razón, y por eso mismo, sin tratar más del asunto, será bien despedirnos y separarnos; vosotros a donde vuestros negocios o vuestra inclinación os lleven..., que todos tienen sus inclinaciones, y negocios, sean los que sean; y yo, ya lo sabéis, a mi triste ejercicio. A mis plegarias.

HORACIO.- Todas esas palabras, señor, son evasivas.

HAMLET.- Mucho me pesa de haberos ofendido con ellas, sí por cierto, de veras, lo lamento.

HORACIO.- ¡Oh! Señor, no hay ofensa ninguna.

HAMLET.- Sí, por San Patricio, que sí la hay y muy grande, Horacio... En cuanto a la aparición... Es un espectro honrado... Sí, yo os lo aseguro... Pero, reprimid cuanto os fuese posible el deseo de saber lo que ha pasado entre él y yo. ¡Ah! ¡Mis buenos amigos! Yo os ruego, pues sois mis amigos y mis compañeros en el estudio y en las armas, que me concedáis una pequeña merced.

HORACIO.- Con mucho gusto, señor, decid lo que sea.

HAMLET.- Que nunca revelaréis a nadie lo que habéis visto esta noche.

HORACIO Y MARCELO.- A nadie lo revelaremos.

HAMLET.- Pero es menester que lo juréis.

HAMLET.- Os doy mi palabra de no decirlo.

MARCELO.- Yo os juro lo mismo.

HAMLET.- Sobre mi espada.

MARCELO.- Ved que ya lo hemos jurado.

HAMLET.- Sí, sí, sobre mi espada.

ESPECTRO.- Juradlo.

HAMLET.- ¡Ah! ¿Eso dices?.. ¿Estás ahí hombre de bien?.. Vamos: ya le oís hablar en lo profundo ¿Queréis jurar?

HORACIO.- Proponed la fórmula.

HAMLET.- Que nunca diréis lo que habéis visto. Juradlo por mi espada.

ESPECTRO.- Juradlo.

HAMLET.- *¿Hic et ubique?* Mudaremos de lugar. Señores, acercaos aquí: poned otra vez las manos en mi espada, y jurad por ella, que nunca diréis nada de esto que habéis oído y visto.

ESPECTRO.- Juradlo por su espada.

HAMLET.- Bien has dicho, topo viejo, bien has dicho... Pero ¿cómo puedes taladrar con tal prontitud los senos de la tierra, diestro minador? Mudemos otra vez de lugar, amigos.

HORACIO.- ¡Oh! Dios de la luz y de las tinièblas, ¡qué extraño prodigio es este!

HAMLET.- Por eso como a un extraño debéis hospedarle y tenerle oculto. Ello es, Horacio, que en el cielo y en la tierra hay más de lo que puede soñar tu filosofía. Pero venid acá y, como antes dije, jurad (así el Cielo os haga felices) que por más singular y extraordinaria que sea de hoy más mi conducta (puesto que acaso juzgaré a propósito afectar un proceder del todo extravagante) nunca vosotros al verme así daréis nada a entender, cruzando los brazos de esta manera, o haciendo con la cabeza este movimiento, o con frases equívocas como: sí, sí, nosotros sabemos; nosotros pudiéramos, si quisiéramos... si gustáramos de hablar, hay tanto que decir en eso; pudiera ser que... o en fin, cualquiera otra expresión ambigua, semejante a estas, por donde se diera a entender que vosotros sabéis algo de mí. Juradlo; así en vuestras necesidades os asista el favor de Dios. Juradlo.

ESPECTRO.- Jurad.

HAMLET.- Sosiégate ya agitado espíritu. Y ahora amigos, yo me encomiendo a vosotros con la mayor instancia, y creed que por más infeliz que Hamlet se halle, Dios querrá que no le falten medios para manifestaros la estimación y amistad que os profesa. Vámonos. Poned el dedo en la boca, yo os lo ruego... La naturaleza está en desorden... ¡Iniquidad execrable! ¡Oh! ¡Nunca yo hubiera nacido para castigarla! Venid, vámonos juntos. *(Se van.)*

Acto II

Escena I

Aposento en casa de Polonio.

Entran Polonio y Reinaldo.

POLONIO.- Reinaldo, entrégale este dinero y estas cartas.

REINALDO.- Así lo haré, señor.

POLONIO.- Será un admirable golpe de prudencia, que antes de verle te percates de su conducta.

REINALDO.- En eso mismo estaba yo.

POLONIO.- Sí, es muy buena idea, muy buena. Mira, lo primero has de averiguar qué daneses hay en París, y cómo, en qué términos, con quién, y en dónde viven, a quién tratan, qué gastos tienen; y sabiendo por estos rodeos y preguntas indirectas, que conocen a mi hijo, entonces ve en derechura a tu objeto, encaminando a él en particular tus investigaciones. Finge como si le conocieras de lejos, diciendo: sí, conozco a su padre, y a algunos amigos suyos, y aun a él un poco... ¿Lo has comprendido bien Reinaldo?

REINALDO.- Sí, señor, muy bien.

POLONIO.- Sí, le conozco un poco; pero... (has de añadir entonces), pero no le he frecuentado. Si es el que yo creo a fe que es bien alocado; inclinado a tal o tal vicio... y luego dirás de él cuanto quieras fingir; digo, pero que no sean cosas tan fuertes que puedan empañar su hidalguía. Cuidado con eso. Habla sólo de aquellas travesuras, aquellos devaneos y extravíos comunes a todos, que ya se reconocen por compañeros inseparables de la juventud y la libertad.

REINALDO.- Como el jugar, ¿eh?

POLONIO.- Sí, el jugar, beber, esgrimir, jurar, disputar, andar con mujerzuelas... Hasta en esto bien puedes extenderte.

REINALDO.- Y aun con eso hay suficiente para quitarle el honor.

POLONIO.- No ciertamente, además todo depende del modo con que lo expongas. No debes achacarle delitos escandalosos, ni pintarle como un joven abandonado enteramente al libertinaje; no, no es esa mi idea. Has de insinuar sus defectos con tal gracia que parezcan nulidades producidas por falta de sujeción y no otra cosa: extravíos de una imaginación ardiente, ímpetus nacidos de la efervescencia general de la sangre que a todos acomete.

REINALDO.- Pero, señor...

POLONIO.- ¡Ah! Tú querrás saber con qué fin debes hacer esto, ¿eh?

REINALDO.- Me gustaría saberlo.

POLONIO.- Pues, señor, mi fin es este; y creo que es proceder con mucha cordura. Cargando esas pequeñas faltas sobre mi hijo (como ligeras manchas de una obra preciosa) ganarás por medio de la conversación la confianza de aquel a quien pretendas sonsacar. Si él está persuadido de que el muchacho tiene los mencionados vicios que tú le imputas, no dudes que él convenga con tu opinión, diciendo: señor mío, o amigo, o caballero... En fin, según el tratamiento o estilo de la persona o del país.

REINALDO.- Sí, ya estoy.

POLONIO.- Pues entonces él dice... Dice... ¿Qué iba yo a decir ahora?... Algo iba yo a decir. ¿En qué estábamos?

REINALDO.- En que él concluirá diciendo al amigo o al caballero conforme al título del país.

POLONIO.- Sí, concluirá diciendo. Es verdad... (así te dirá precisamente) algo iba yo a decir. Es verdad, yo le conozco; ayer le vi o cualquier otro día, o en tal y tal ocasión, con este o con aquel sujeto, y allí como habéis dicho, le vi que jugaba, allá le encontré en un banquete, en otro sitio en una quimera sobre el juego de pelota y..., (puede ser que añada) le he visto entrar en una casa pública, o en un burdel, o cosa tal. ¿Lo comprendes ahora? Con el anzuelo de la mentira pescarás la verdad; que así es como nosotros los que tenemos talento y prudencia, solemos conseguir por indirectas el fin directo, usando de artificios y disimulo. Así lo harás con mi hijo, según la instrucción y advertencia que acabo de darte. ¿Me has comprendido?

REINALDO.- Sí, señor, quedo enterado.

POLONIO.- Pues, adiós; buen viaje.

REINALDO.- Señor...

POLONIO.- Analiza por ti mismo sus inclinaciones.

REINALDO.- Así lo haré.

POLONIO.- Dejándole que obre en plena libertad.

REINALDO.- Está bien, señor.

POLONIO.- Adiós.

Sale Reinaldo y entra Ofelia muy alterada

POLONIO.- Y bien, Ofelia, ¿qué hay de nuevo?

OFELIA.- ¡Ay! ¡Padre y señor, estoy muy aterrada!

POLONIO.- ¿Con qué motivo? Por Dios que me lo cuentes.

OFELIA.- Yo estaba haciendo labor en mi aposento, cuando el Príncipe Hamlet, la ropa desceñida, sin sombrero en la cabeza, sucias las medias, sin atar, caídas hasta los pies, pálido como su camisa, las piernas trémulas, el semblante triste como si hubiera salido del infierno para anunciar espanto... Se presenta delante de mí.

POLONIO.- Loco, sin duda, por tus amores, ¿eh?

OFELIA.- Yo, señor, no lo sé; pero en verdad lo temo.

POLONIO.- ¿Y qué te dijo?

OFELIA.- Me asió una mano, y me la apretó fuertemente. Apartóse después a la distancia de su brazo, y poniendo, así, la otra mano sobre su frente, fijó la vista en mi rostro recorriéndolo con atención como si hubiese de retratarle. De este modo permaneció largo rato; hasta que por último, sacudiéndome ligeramente el brazo, y moviendo tres veces la cabeza abajo y arriba, exhaló un suspiro tan profundo y triste, que pareció deshacérsele en pedazos el cuerpo, y dar fin a su vida. Hecho esto, me dejó, y levantada la cabeza comenzó a andar, sin valerse de los ojos para hallar el camino; salió de la puerta sin verla, sin dejar de mirarme un solo instante.

POLONIO.- Ven conmigo, quiero ver al Rey. Ese es un verdadero éxtasis de amor que siempre fatal a sí mismo, en su exceso violento, inclina la voluntad a empresas temerarias, más que ninguna otra pasión de cuantas debajo del cielo combaten nuestra naturaleza. Mucho siento este proceder. Pero, dime, ¿le has tratado con dureza en estos últimos días?

OFELIA.- No señor; sólo en cumplimiento de lo que mandasteis, le he devuelto sus cartas y me he negado a sus visitas.

POLONIO.- Y eso es suficiente para haberle trastornado así. Lamento no haber juzgado con más acierto su pasión. Yo temí que era sólo un artificio suyo para perderte... ¡Vergonzosa sospecha! ¡Eh! Tan propio parece de las personas de mi edad pasar más allá de lo justo en sus conjeturas, como lo es de la juventud la falta de discreción. Vamos, vamos a ver al Rey. Es necesario que lo sepa. Si le callo este amor, sería más grande el sentimiento que pudiera causarle teniéndole oculto, que el disgusto que recibirá al saberlo. Vamos. *(Se van.)*

ESCENA II

Salón de palacio.

Trompetería. Entran Claudio, Gertrudis, Rosencrantz, Guildenstern y acompañamiento.

CLAUDIO.- Bienvenido, Rosencrantz, y tú también querido Guildenstern. Además de lo mucho que ansiaba el veros, la necesidad que tengo de vosotros me ha determinado a solicitar vuestra venida. Algo habéis oído ya del cambio operado por Hamlet. Así puedo llamarlo, puesto que ni en lo interior, ni en lo exterior se parece nada al que antes era; ni llego a imaginar que otra causa haya podido privarle así de la razón, si ya no es la muerte de su padre. Yo os ruego a los dos, pues desde la primera infancia habéis crecido junto a él, y existe entre vosotros aquella intimidad nacida de la igualdad en los años y en el genio, que tengáis a bien deteneros en mi corte algunos días. Quizás el trato vuestro restablecerá su alegría, y aprovechando las ocasiones que se presenten, indagad cuál es la ignorada aflicción que así le consume para que descubriéndola, procuremos remediarla.

GERTRUDIS.- Él ha hablado mucho de vosotros, mis buenos caballeros, y estoy segura de que no se hallarán otros dos seres a quienes él profese mayor cariño. Si tanta fuese vuestra bondad que gustéis de pasar con nosotros algún tiempo, para contribuir al logro de mi esperanza; vuestra asistencia será recompensada, como corresponde al agradecimiento de un Rey.

ROSENCRANTZ.- Vuestras Majestades tienen soberana autoridad en nosotros, y en vez de rogar deben mandarnos.

GUILDENSTERN.- Uno y otro obedeceremos, y nos postramos a vuestros pies con el más puro afecto el celo de serviros que nos anima.

CLAUDIO.- Muchas gracias, Guildenstern. Gracias, amable Rosencrantz.

GERTRUDIS.- Os quedo muy agradecida, caballeros, y os pido que veáis cuanto antes a mi doliente hijo. Conduzca alguno de vosotros a estos caballeros, a donde Hamlet se encuentre.

GUILDENSTERN.- Haga el Cielo que nuestra compañía y nuestros esfuerzos puedan serle agradables y útiles.

GERTRUDIS.- Sí, amén. *(Salen Rosencrantz, Guildenstern y algunos cortesanos.)*
Entra Polonio.

POLONIO.- Señor, los Embajadores enviados a Noruega han vuelto ya en extremo contentos.

CLAUDIO.- Siempre has sido padrino de buenas nuevas.

POLONIO.- ¡Oh! Sí ¿No es verdad? Y os puedo asegurar, venerado señor, que mis acciones y mi corazón no tienen otro objeto que el servicio de Dios, y el de mi Rey; y si este talento mío no ha perdido enteramente aquel seguro olfato con que supo siempre rastrear asuntos políticos, pienso haber descubierto ya la verdadera causa de la locura del Príncipe.

CLAUDIO.- ¡Habla! que estoy impaciente de saberla.

POLONIO.- Será bien que deis primero audiencia a los Embajadores; mi informe servirá de postres a este gran festín.

CLAUDIO.- Tú mismo puedes ir a cumplimentarlos e introducirlos. *(Sale Polonio.)* Dice que ha descubierto, amada Gertrudis, la causa verdadera de la indisposición de tu hijo.

GERTRUDIS.- ¡Ah! Yo dudo que él tenga otra mayor que la muerte de su padre y nuestro acelerado casamiento.

CLAUDIO.- Sea lo que fuere, lo indagaremos.

Entra de nuevo Polonio con Voltimand y Cornelio.

CLAUDIO.- Bienvenidos, amigos. Di, Voltimand, ¿qué respondió nuestro hermano, el Rey de Noruega?

VOLTIMAND.- Corresponde con la más sincera amistad a vuestras atenciones y a vuestro ruego. Así que llegamos, mandó suspender los armamentos que hacía su sobrino, fingiendo ser preparativos contra el polaco; pero mejor informado después, halló ser cierto que se dirigían en contra vuestra. Indignado de que abusaran así de la impotencia a que le han reducido su edad y sus males, envió precisas órdenes a Fortimbrás, que sometiéndose prontamente a las reprehensiones del tío, le ha jurado por último que nunca más tomará las armas contra Vuestra Majestad. Satisfecho de este procedimiento el anciano Rey, le entrega sesenta mil escudos anuales, y le permite emplear contra Polonia las tropas que había levantado. Para ello os ruega concedáis paso libre por vuestros estados al ejército reclutado para tal empresa, bajo las condiciones de recíproca seguridad y garantías consignadas aquí.

CLAUDIO.- Está bien, leeré en tiempo más oportuno sus proposiciones y reflexionaré lo que debo en este caso responderle. Entretanto os doy gracias por el feliz desempeño de vuestro encargo. Descansad. A la noche vendréis conmigo al festín. Tendré el gusto de veros. *(Salen Voltimand y Cornelio.)*

POLONIO.- Este asunto ha tenido un feliz término. Mi Soberano y vos, señora, explicar lo que es la dignidad de un Monarca, las obligaciones del vasallo y por qué el día es día, noche la noche, y tiempo el tiempo; sería gastar inútilmente el día, la noche y el tiempo. Así, pues, como quiera que la brevedad es el alma del talento, y que nada hay más enfadoso que los rodeos y perífrasis... Seré muy breve. Vuestro noble hijo está loco; y le llamo loco, porque (si en rigor se examina) ¿qué otra cosa es la locura, sino estar uno enteramente loco? Pero, dejando esto aparte...

GERTRUDIS.- Al caso, Polonio, al caso y menos retórica.

POLONIO.- Yo os prometo, señora, que no me valgo de retórica alguna. Es cierto que él está loco. Es cierto que es lástima y es lástima que sea cierto; pero dejemos a un lado esta pueril antítesis, que no quiero usar de retórica. Convengamos, pues, en que está loco, y ahora falta descubrir la causa de este efecto, o por mejor decir, la causa de este defecto, porque este efecto defectuoso, nace de una causa, y así resta considerar lo restante. Yo tengo una hija... La tengo mientras es mía, que en prueba de su respeto y sumisión... Atención a lo que os digo... Me ha entregado esta carta. Ahora, resumid los hechos y sacaréis la consecuencia. *(Leyendo.)*

«Al ídolo celestial de mi alma: a la sin par Ofelia...» Esta es una alta frase... ¡Una falta de frase, sin par! Es una falta de frase, pero, oíd lo demás.

> *«Estas letras, destinadas a que su blanco y*
> *hermoso pecho las guarde: estas...»*

GERTRUDIS.- ¿Y esa carta se la ha enviado Hamlet?

POLONIO.- Bueno, ¡por cierto! Esperad un poco, seré exacto.

> *«Duda que son de fuego las estrellas,*
> *duda si al sol hoy movimiento falta,*
> *duda lo cierto, admite lo dudoso;*
> *pero no dudes de mi amor las ansias.*

Estos versos aumentan mi dolor, adorada Ofelia; ni sé tampoco expresar mis penas con arte; pero cree que te amo en extremo posible. Adiós. Tuyo siempre, mi adorada niña, mientras esta máquina exista. Hamlet.»

Mi hija, en fuerza de su obediencia, me ha hecho ver esta carta, y además me ha contado los requerimientos del Príncipe; según han ocurrido, con todas las circunstancias del tiempo, el lugar y la forma.

CLAUDIO.- ¿Y ella cómo ha recibido su amor?

POLONIO.- ¿En qué opinión me tenéis?

CLAUDIO.- En la de un servidor honrado y veraz.

POLONIO.- Y me complazco en probaros que lo soy. Pero, ¿qué hubierais pensado de mí, si cuando he visto que tomaba vuelo esta ardiente pasión...? Porque os puedo asegurar que aun antes que mi hija me lo confesara, ya lo había yo advertido... ¿Qué hubiera pensado de mí vuestra Majestad y la Reina que está presente, si hubiera tolerado este amor con indolencia? ¿Si, haciéndome violencia a mí mismo, hubiera permanecido silencioso y mudo, mirándolo con indiferencia? ¿Qué hubierais pensado de mí? No, señor; yo he ido directo al asunto, y le dije a la niña ni más ni menos. «Hija, Hamlet es un Príncipe muy superior a tu clase... Esto no debe seguir adelante». Y después, le mandé que se encerrase en su estancia sin admitir mensajeros, ni recibir regalos. Ella ha sabido aprovecharse de mis consejos, y el Príncipe... (para abreviar el relato) al verse desdeñado, comenzó a padecer melancolías, después inapetencia, después vigilias, después debilidad, después aturdimiento y después (por una pendiente natural) la demencia que le saca fuera de sí, y que todos nosotros lamentamos.

CLAUDIO.- ¿Creéis, señora, que esto haya ocurrido así?

GERTRUDIS.- Me parece bastante probable.

POLONIO.- ¿Ha sucedido alguna vez..., tendría gusto de saberlo...? ¿Que yo haya dicho positivamente: esto hay, y que haya resultado lo contrario?

CLAUDIO.- No que yo sepa.

POLONIO.- Pues, separadme la cabeza del cuerpo, si otra cosa hubiere en el asunto... ¡Ah! Por poco que las circunstancias me ayuden, yo descubriré la verdad donde quiera que se oculte; aunque el centro de la tierra la sepultara.

CLAUDIO.- ¿Y cómo te parece que pudiéramos hacer nuevas pesquisas?

POLONIO.- Bien sabéis que el Príncipe suele pasearse algunas veces por esa galería cuatro horas seguidas.

GERTRUDIS.- Es verdad, así suele hacerlo.

POLONIO.- Pues, cuando él venga, yo soltaré a mi hija para que le salga al paso.* Vos y yo nos ocultaremos detrás de los tapices, para observar lo que hace al verla. Si él no la ama y no es esta la causa de haber perdido el juicio, des-

---

* Shakespeare utiliza el término *to loose* (soltar) que se refería a la suelta de hembras para aparearse.

pedidme de vuestro lado y de vuestra corte y enviadme a una granja a guiar un arado.

CLAUDIO.- Sí, yo lo quiero averiguar.

GERTRUDIS.- Pero, mirad ¡Qué lástima! Leyendo viene el infeliz.

POLONIO.- Retiraos, yo os lo suplico, retiraos los dos, que le quiero hablar, si me otorgáis licencia. *(Salen el Rey y la Reina. Hamlet avanza leyendo.)* ¿Cómo os va, mi buen señor Hamlet?

HAMLET.- Bien, a Dios gracias.

POLONIO.- ¿Me reconocéis?

HAMLET.- Perfectamente; sois un vendedor de pescados.*

POLONIO.- Yo no, señor.

HAMLET.- Entonces, ojalá fueras tan honrado.

POLONIO.- ¿Honrado, Alteza?

HAMLET.- Sí, señor, que lo digo. El ser honrado según va el mundo, es lo mismo que ser escogido uno entre diez mil.

POLONIO.- Muy cierto, señor.

HAMLET.- Si el sol engendra gusanos en un perro muerto y aunque es una carroña digna de ser besada... ¿No tienes una hija?

POLONIO.- Sí, señor, una tengo.

HAMLET.- Pues no la dejes pasear al sol. La concepción es una bendición del cielo; pero no del modo en que tu hija podrá concebir. Cuida mucho de esto, a-migo.

POLONIO.- *(Aparte.)* ¿Pero qué queréis decir con eso? (Siempre está pensando en mi hija). No obstante, al principio no me conoció... Dice que era un pescadero... ¡Está loco rematado, rematado!... Y en verdad que yo también, siendo mozo, me vi muy trastornado por el

---

* En inglés *Pescadero* tiene el doble sentido que *Alcahuete*.

amor... Casi tanto como él. Deseo hablarle otra vez. ¿Qué estáis leyendo?

HAMLET.- Palabras, palabras, todo palabras.

POLONIO.- ¿Y de qué se trata?

HAMLET.- ¿Entre quién?

POLONIO.- Digo, que ¿de qué trata el libro que leéis?

HAMLET.- De calumnias. Aquí dice el malvado satírico, que los viejos tienen la barba gris, las caras con arrugas, que vierten de sus ojos ámbar abundante y goma de ciruelo; que padecen gran flojedad de piernas, y mucha falta de entendimiento. Todo lo cual, señor mío, aunque yo plena y eficazmente lo creo; con todo eso, no me parece bien hallarlo afirmado en tales términos, porque al fin, vos seríais sin duda tan joven como yo, si os fuera posible caminar hacia atrás como el cangrejo.

POLONIO.- *(Aparte.)* Aunque todo es locura, no deja de observar método en lo que dice. ¿Queréis venir, señor, adonde no os dé el aire?

HAMLET.- ¿Adónde? ¿A la sepultura?

POLONIO.- Cierto, que allí no da el aire. *(Aparte.)* ¡Con qué agudeza responde siempre! Estos golpes felices son frecuentes en la locura, cuando en el estado de razón y salud tal vez no se logran. Voy a dejarle y disponer al instante el careo entre él y mi hija. Señor, si me dais licencia de que me vaya...

HAMLET.- No me puedes pedir cosa que con más gusto te conceda; exceptuando la vida, eso sí, exceptuando la vida.

POLONIO.- Quedad con Dios, señor.

HAMLET.- ¡Fastidiosos y extravagantes viejos!

Vuelven Rosencrantz y Guildenstern.

POLONIO.- Si buscáis al príncipe, vedle ahí.

ROSENCRANTZ.- *(A Polonio.)* Dios os guarde, señor. *(Sale Polonio.)*

GUILDENSTERN.- Dios guarde a vuestra Alteza.

ROSENCRANTZ.- Mi venerado Príncipe.

HAMLET.- ¡Oh! Buenos amigos. ¿Cómo va? ¡Guildenstern, Rosencrantz, buenos mozos! ¿Cómo va? ¿Qué se hace de bueno?

ROSENCRANTZ.- Nada, señor; pasamos una vida muy indiferente.

GUILDENSTERN.- Nos creemos felices en no ser demasiado felices. La fortuna no nos ha tocado con su penacho.

HAMLET.- ¿Ni en las suelas de su calzado?

ROSENCRANTZ.- Ni uno ni otro.

HAMLET.- En tal caso estaréis colocados hacia su cintura: allí es el centro de los favores.

GUILDENSTERN.- Cierto, como privados suyos.

HAMLET.- Pues allí en lo más oculto... ¡Ah! Decís bien, ella es una prostituta... ¿Qué hay de nuevo?

ROSENCRANTZ.- Nada, sino que ya los hombres van siendo honrados.

HAMLET.- Señal que el día del juicio va a venir pronto. Pero vuestras noticias no son ciertas... Permitid que os pregunte más particularmente. ¿Por qué delitos os ha traído aquí vuestra mala suerte, a vivir en prisión?

GUILDENSTERN.- ¿En prisión decís?

HAMLET.- Sí, Dinamarca es una cárcel.

ROSENCRANTZ.- También el mundo lo será.

HAMLET.- Y muy grande: con muchas celdas, mazmorras y calabozos, y Dinamarca es uno de los peores.

ROSENCRANTZ.- Nosotros no éramos de esa opinión.

ROSENCRANTZ.- Para vosotros podrá no serlo, porque nada hay bueno ni malo, sino en fuerza de nuestra fantasía. Para mí es una verdadera cárcel.

ROSENCRANTZ.- Será vuestra ambición la que os le figura tal, la grandeza de vuestro ánimo le hallará estrecho.

HAMLET.- ¡Oh! ¡Dios mío! Yo pudiera estar encerrado en la cáscara de una nuez y creerme soberano de un estado inmenso... Si no fuera por mis horribles sueños.

ROSENCRANTZ.- Todos esos sueños son ambición, y todo cuanto al ambicioso le agita no es más que la sombra de un sueño.

HAMLET.- El sueño, en sí, no es más que una sombra.

ROSENCRANTZ.- Ciertamente, y yo considero la ambición por tan ligera y vana, que me parece la sombra de una sombra.

HAMLET.- De donde resulta, que los mendigos son cuerpos y los monarcas y héroes agigantados, sombras de los mendigos... Iremos un rato a la corte, señores; porque, a la verdad, no tengo la cabeza para razonar.

ROSENCRANTZ y GUILDENSTERN.- Estamos a vuestras órdenes.

HAMLET.- ¡Oh! No se trata de eso. No os quiero confundir con mis criados que, a fe de hombre de bien, me sirven con un celo aterrador. Pero, decidme por nuestra amistad antigua, ¿qué hacéis en Elsingor?

ROSENCRANTZ.- Señor, hemos venido únicamente a veros.

HAMLET.- Tan pobre soy, que aun de gracias estoy escaso, no obstante, agradezco vuestra fineza... Bien que os puedo asegurar que mis gracias, aunque se paguen a ochavo, se pagan mucho. Y ¿quién os ha hecho venir? ¿Es libre esta visita? ¿Me la hacéis por vuestro gusto propio? Vaya, habladme con franqueza, vaya, decídmelo.

GUILDENSTERN.- ¿Y qué os hemos de decir, señor?

HAMLET.- Todo lo que haya acerca de esto. A vosotros os envían, sin duda, y en vuestros ojos hallo una especie de confesión, que toda vuestra reserva no puede encubrir. Yo sé que el bueno del Rey, y también la Reina os han mandado que vengáis.

ROSENCRANTZ.- Pero, ¿a qué fin?

HAMLET.- Eso es lo que debéis confesarme. Pero os pido por los derechos de nuestra amistad, por la conformidad de nuestros años juveniles, por las obligaciones de nuestro no interrumpido afecto; por todo aquello, en fin, que sea para vosotros más grato y respetable, que seáis rectos y sinceros conmigo: ¿Os han mandado venir, o no?

ROSENCRANTZ.- *(A Guildenstern.)* ¿Qué dices tú?

HAMLET.- Ya os he dicho que lo estoy viendo en vuestros ojos, si me estimáis de veras, no me ocultéis nada.

GUILDENSTERN.- Pues, señor, es cierto, nos han hecho venir.

HAMLET.- Y yo os voy a decir la causa: así me anticiparé a vuestra propia confesión; sin que la fidelidad que debéis al Rey y a la Reina quede por vosotros ofendida. Yo he perdido de poco tiempo a esta parte, sin saber la causa, toda mi alegría, olvidando mis ordinarias ocupaciones. Y este accidente ha sido tan funesto a mi salud, que la tierra, esa divina construcción, me parece un promontorio estéril; ese dosel magnífico de los cielos, ese hermoso firmamento que veis sobre nosotros, esa techumbre majestuosa sembrada de doradas centellas, no otra cosa me parece que una hedionda y pestífera multitud de vapores. ¡Qué obra maestra es el ser humano! ¡Qué noble su razón! ¡Qué infinitas sus facultades! ¡Qué expresivo y maravilloso en su forma y sus movimientos! ¡Qué semejante a un ángel en sus acciones! Y en su espíritu, ¡qué semejante a Dios! Él es sin duda lo más hermoso de la tierra, el más perfecto de todos los animales.

Pues, no obstante, ¿qué juzgáis que es en mi estimación ese purificado polvo? El hombre no me deleita... ni menos la mujer... bien que ya veo en vuestra sonrisa que parece que pensáis igual.

ROSENCRANTZ.- En verdad, señor, que no habéis acertado en eso.

HAMLET.- Pues ¿por qué te reías cuando dije que no me deleita el hombre?

ROSENCRANTZ.- Me reí al considerar, puesto que los hombres no os deleitan, qué menguado recibimiento daréis a los cómicos que hemos hallado en el camino, y están ahí deseando emplearse en servicio vuestro.

HAMLET.- El que hace de Rey será muy bien venido, Su Majestad recibirá mis obsequios como es de razón, el arrojado caballero sacará a lucir su espada y su rodela, el enamorado no suspirará en balde, el que hace de loco acabará su papel en paz, el patán dará aquellas risotadas con que sacude los pulmones áridos, y la dama expresará libremente su pasión o las interrupciones del verso hablarán por ella. Y ¿qué cómicos son?

ROSENCRANTZ.- Los que más os agradan regularmente. La compañía trágica de nuestra ciudad.

HAMLET.- ¿Y por qué se arriesgan ahora a viajar? ¿No les sería mejor para su provecho y sus intereses establecerse en alguna parte?

ROSENCRANTZ.- Creo que los últimos reglamentos se lo prohíben.

HAMLET.- ¿Son hoy tan bien recibidos como cuando yo estuve en la ciudad? ¿Acude siempre el mismo concurso?

ROSENCRANTZ.- No, señor, no por cierto.

HAMLET.- ¿Y cuál es la causa? ¿Se han echado a perder?

ROSENCRANTZ.- No, señor. Ellos han procurado seguir

siempre su acostumbrado método; pero ha surgido una cría de niñatos, pajaritos en el nido, que gritando en la declamación fuera de propósito, son por esto mismo palmoteados hasta el exceso. Están de moda, y tanto han denigrado los espectáculos ordinarios (como ellos los llaman) que muchos caballeros de espada en cinta, atemorizados de las plumas de ganso de este teatro, rara vez se atreven a poner el pie en los otros.

HAMLET.- Pero, ¿Conque son muchachos? ¿Y quién los sostiene? ¿Qué sueldo les dan? ¿Abandonarán el ejercicio cuando pierdan la voz para cantar? Y cuando tengan que hacerse cómicos ordinarios, como parece verosímil por su edad si carecen de otros medios, ¿no dirán entonces que sus compositores los han perjudicado, haciéndoles declamar contra la misma profesión que han tenido que abrazar después?

ROSENCRANTZ.- Lo cierto es que han ocurrido ya muchos disgustos por ambas partes, y la nación ve sin escrúpulo continuarse la discordia entre ellos. Ha habido tiempo en que el dinero de las piezas no se cobraba, hasta que el poeta y el cómico reñían y se hartaban de puñetazos.

HAMLET.- ¿Es posible?

GUILDENSTERN.- ¡Oh! Sí lo es, como que ha habido ya muchas cabezas rotas.

HAMLET.- Y qué, ¿los chicos han vencido en esas peleas?

ROSENCRANTZ.- Cierto que sí, y se hubieran burlado del mismo Hércules, con maza y todo.*

HAMLET.- No es extraño. Ya veis mi tío, Rey de Dinamarca. Los que se mofaban de él mientras vivió mi padre, ahora dan veinte, cuarenta, cincuenta y aun cien

---

* Alusión al Teatro del Globo, del que era copropietario Shakespeare, que tenía por emblema un Hércules sosteniendo el mundo.

ducados por su retrato de miniatura. En esto hay algo que es más que natural, si la filosofía fuera capaza de descubrirlo.

Trompetería adentro.

GUILDENSTERN.- Ya están ahí los cómicos.

HAMLET.- Pues, caballeros, muy bien venidos a Elsingor; acercaos aquí, dadme las manos. Las señales de una buena acogida consisten por lo común en ceremonias y cumplimientos; pero, permitid que os trate así, porque os hago saber que yo debo recibir muy bien a los cómicos, en lo exterior, y no quisiera que las distinciones que a ellos les haga, pareciesen mayores que las que os hago a vosotros. Bienvenidos. Pero, mi tío padre, y mi madre tía, a fe que se equivocan.

GUILDENSTERN.- ¿En qué, Alteza?

HAMLET.- Yo no estoy loco, sino cuando sopla el nordeste; pero cuando corre el sur, distingo muy bien un halcón de una paloma.

Entra de nuevo Polonio.

POLONIO.- Dios os guarde, caballero.

HAMLET.- Atención Guildenstern, y tú también... Un oyente a cada lado. ¿Veis aquel vejestorio que acaba de entrar? Pues aún no ha salido de mantillas.

ROSENCRANTZ.- O acaso habrá vuelto a ellas, porque, según se dice, la vejez es segunda infancia.

HAMLET.- Apostaré que me viene a hablar de los cómicos: fijaos... Pues, señor, tú tienes razón, eso fue el lunes por la mañana, no hay duda.

POLONIO.- Señor, tengo que daros una noticia.

HAMLET.- Señor, tengo que daros una noticia. Cuando Roscio era actor en Roma...

POLONIO.- Alteza, los cómicos han llegado.

HAMLET.- ¡Tuh!, ¡tuh!, ¡tuh!

Polonio.- Como soy hombre de bien que sí.

Hamlet.- «*Cada actor viene en su borrico.*»

Polonio.- *(Leyendo.)* Estos son los más excelentes actores del mundo, así en la Tragedia como en la Comedia. Historia o Pastoral: en lo Cómico-Pastoral, Histórico-Pastoral, Trágico-Histórico, Tragi-Cómico Histórico-Pastoral, Escena indivisible, Poema ilimitado... ¡Qué! Para ellos ni Séneca es demasiado difícil, ni Plauto demasiado fácil, y en cuanto a las reglas de composición y a la franqueza cómica, estos son los únicos.

Hamlet.- «*¡Oh! ¡Jephte, Juez de Israel!... ¡Qué tesoro poseíste!*»

Polonio.- ¿Y qué tesoro era el suyo, Alteza?

Hamlet.- ¿Qué tesoro?
«*No más que una hermosa hija
a quien amaba más que a nadie.*»

Polonio.- *(Aparte.)* Siempre pensando en mi hija.

Hamlet.- ¿No tengo razón, anciano Jephte?

Polonio.- Señor, si me llamáis Jephte, cierto es que tengo una hija a quien amo en extremo.

Hamlet.- ¡Oh! no es eso lo que sigue.

Polonio.- ¿Pues qué sigue señor?

Hamlet.- Esto.
«*No hay más suerte que Dios ni más destino;*
y luego, ya sabes:
«*que cuanto nos sucede Él lo previno.*»
Lee la primera línea de aquella devota canción, y ella sola te manifestará lo demás. Pero, ¿veis? Ya vienen quienes llegan a procurarme diversión.

Entran cuatro o cinco actores o cómicos.

Bienvenidos, maestros; me alegro de veros a todos tan buenos. Bienvenidos... ¡Oh! ¡Oh viejo camarada! Mucho se te ha arrugado la cara desde la última vez que te vi. ¿Vienes a Dinamarca a mesarme la barba a mí también? Y tú, mi niña, ¡oiga!, ya eres una señorita; por la Virgen, que ya está vuesarced una cuarta más cerca del cielo, desde que no la he visto. Dios quiera que tu voz, semejante a una pieza de oro falso, no se descubra al echarla en el crisol. Señores, muy bienvenidos todos. Pero, amigos, yo voy en derechura al caso, y corro detrás del primer objeto que se me presenta, como halconero francés. Yo quiero al instante una declamación. Sí, veamos alguna prueba de vuestra habilidad. Vaya un parlamento apasionado.

CÓMICO 1º.- ¿Y cuál queréis, Alteza?

HAMLET.- Me acuerdo de haberte oído en otro tiempo una declamación que nunca se ha representado al público, o una sola vez cuando más... Sí, y me acuerdo también que no agradaba a la multitud; no era ciertamente caviar para el vulgo. Pero a mí me pareció entonces, y aun a otros, cuyo dictamen vale más que el mío, una excelente comedia, bien construida la fábula y escrita con habilidad y elegancia. No faltó, sin embargo, quien dijo que no había en los versos toda la sal necesaria para sazonar el asunto, y que lo insignificante del estilo anunciaba poca sensibilidad en el autor; bien que no dejaban de tenerla por obra escrita con método, instructiva y elegante, y más brillante que delicada. Particularmente me gustó mucho en ella el relato que Eneas hace a Dido, y sobre todo cuando habla de la muerte de Príamo. Si la tienes en la memoria... Empieza por aquel verso... Deja, deja, veré si me acuerdo.

Pirro feroz como la Hircana tigre...

No es este, pero empieza con Pirro... ¡ah!...

Pirro feroz, con pavonadas armas,
negras como la noche y su propósito oculto

dentro en los senos del caballo enorme,
a la lóbrega noche parecía.
Ya su terrible, ennegrecido aspecto
mayor espanto da. Todo le tiñe
de la cabeza al pie caliente sangre
de ancianos y matronas, de robustos
mancebos y de vírgenes, que abrasa
el fuego de los encendidos edificios
en confuso montón; a cuya horrenda
luz que despiden, el caudillo malvado
muerte y estrago esparce. Ardiendo en cólera,
cubierto de cuajada sangre, torna
los ojos, al carbunclo semejantes,
y busca, instado de infernal venganza,
al viejo abuelo Príamo...

Continúa tú.

POLONIO.- ¡Muy bien declamado, a fe mía! Con excelente
tono y bella expresión.

CÓMICO 1º.- *Al momento le ve luchando,*
   ¡resistencia breve!
   Contra los griegos; su temida espada
   rebelde al brazo ya, le pesa inútil.
   Pirro, de furia lleno, provoca a Príamo
   a duelo desigual; herirle intenta,
   y el aire solo del funesto acero
   postra al débil anciano. Y cual si fuese
   a tanto golpe la Ilión sensible,
   al suelo desplomó sus techos altos,
   ardiendo en llamas y al rumor suspenso.
   Pirro... ¿Le veis? La espada que venía
   a herir del Teucro la nevada frente
   se detiene en los aires, y él inmóvil,
   absorto y mudo y sin acción su enojo,

la imagen de un tirano representa
que figuró en pintura. Mas como suele
tal vez el cielo en tempestad oscura
parar su movimiento, de los aires
el ímpetu cesar, y en silenciosa
quietud de muerte reposar el orbe;
basta que el trueno, con horror retumbe,
rompe la alta región, así un instante
suspensa fue la cólera de Pirro
y así, dispuesto a la venganza, el duro
combate renovó. No más tremendo
golpe en las armas de Marte eternas
dieron jamás los Cíclopes negruzcos,
que sobre el triste anciano la cuchilla
sangrienta dio del sucesor de Aquiles.
¡Oh! ¡Fortuna, vulgar ramera!.. Vos, poderosos
dioses, quitadla su dominio injusto;
romped los rayos de su rueda y aros,
y el eje circular desde el Olimpo
caiga en pedazos hasta el fondo abismal
de los infiernos.

POLONIO.- Es demasiado largo.

HAMLET.- Lo mismo dirá de tus barbas el barbero. Prosigue. Este sólo gusta de ver hablar o de oír cuentos de alcahuetas, o si no se duerme. Prosigue con aquello de Hécuba.

CÓMICO 1º.-*Pero quien viese, ¡oh! ¡Vista dolorosa!*
  Reina arrebujada...

HAMLET.- ¿Reina arrebujada?

POLONIO.- Eso es bueno, Reina arrebujada, ¡bueno!

CÓMICO 1º.- *Pero quien viese,*
  ¡oh vista dolorosa!
  La Reina arrebujada, el pie desnudo,

correr de un lado al otro, amenazando
extinguir con sus lágrimas el fuego...
En vez de brillante vestidura
cubierto el seno, harto fecundo un día,
con las ropas del tálamo arrebatadas
(ni a más la dio lugar el susto horrible)
desgarrado un velo en su cabeza, donde
antes resplandeció corona augusta...
¡Ay! Quien la viese, a los supremos hados
con lengua venenosa execraría.
Los dioses mismos, si a piedad les mueve
el linaje mortal, dolor sintieran
de verla, cuando al despiadado Pirro
halló esparciendo en trozos con su espada,
del exánime esposo los helados miembros.
Lo ve, y exclama con lamento triste,
bastante a conturbar allá en su altura
las deidades de Olimpo, y los brillantes
ojos del cielo humedecer en lloro.

POLONIO.- ¡Ved qué palidez la suya! y se le han saltado las lágrimas. No, no prosigáis.

HAMLET.- Basta ya; presto me dirás lo que falta. Señor mío, es menester acomodar bien a estos actores, ¿lo entiendes? Y agasajarlos debidamente. Ellos son, sin duda, la crónica histórica de los siglos, y más te valdrá tener después de muerto un mal epitafio, que una mala reputación entre ellos mientras vivas.

POLONIO.- Yo, señor, los trataré conforme a sus méritos.

HAMLET.- ¡Qué cabeza esta! No señor, mucho mejor. Si a los hombres se les hubiese de tratar según merecen, ¿quién escaparía de ser azotado? Trátalos como corresponde a tu hidalguía, y a tu propio honor; cuanto menor sea su mérito, mayor será tu generosidad. Acompáñalos.

POLONIO.- Venid conmigo, señores.

HAMLET.- Amigos id con él. Mañana habrá comedia. Oye aquí tú, amigo; dime ¿no pudierais representar *El asesinato de Gonzago*?

CÓMICO 1º.- Sí, Alteza.

HAMLET.- Pues mañana por la noche quiero que se represente. Y ¿no podrías, si fuese menester, aprender de memoria unos doce o dieciséis versos que quiero escribir e intercalar en la obra? ¿Podrás?

CÓMICO 1º.- Sí, Alteza.

HAMLET.- Muy bien; pues vete con aquel caballero, y ojo no hagáis burla de él. *(Sale el Cómico 1º.)* Queridos amigos, voy a dejaros hasta la noche. Bienvenidos a Elsingor.

ROSENCRANTZ.- Pero señor.

HAMLET.- Dios os guarde.

Salen Rosencrantz y Guildenstern.

Hamlet.- Ya estoy solo. ¡Qué miserable! ¡Qué abyecto esclavo soy! ¿No es admirable que este actor, en una fábula, en una ficción, pueda dirigir tan a su albedrío el ánimo que así agite y desfigure el rostro en la declamación, vertiendo de sus ojos lágrimas, débil la voz, y todas sus acciones tan acomodadas a lo que quiere expresar? Y esto por nadie: por Hécuba. Y ¿quién es Hécuba para él, o él para ella, que así llora sus desgracias? Pues ¿qué no haría si él tuviese los tristes motivos de dolor que yo tengo? Inundaría la escena con llanto, su terrible acento conturbaría a cuantos le oyesen, llenaría de desesperación al culpable, de temor al inocente, al ignorante de confusión, y abrumaría con asombro la facultad de los ojos y los oídos. Pero yo, en cambio, sin vigor y estúpido, sueño adormecido, nada digo, ¡y miro con tal indiferencia mis agravios! ¿Qué? ¿Nada merece un Rey con quien se cometió el más atroz delito para despojarle del cetro y la vida? ¿Soy un cobarde? ¿Quién se atreve a llamarme villano? ¿O a insultarme en mi presencia? ¿Mesarme la barba, soplármela al rostro, asirme de la nariz o hacerle tragar lejía que me llegue al pecho? ¿Quién se atreve a tanto? ¿Sería yo capaz de sufrirlo? Sí, que no es posible sino que yo sea como la paloma que carece de hiel, incapaz de acciones crueles; a no ser esto, ya se hubieran cebado los buitres del aire en los despojos de aquel bribón, sangriento obsceno, homicida, pérfido seductor, feroz malvado, que vive sin remordimientos de su pecado. Pero, ¿por qué he de ser tan necio? ¿Será generoso proceder el mío, que yo, hijo de un querido padre (de cuya muerte alevosa el cielo y el infierno mismo me claman venganza) afeminado y débil desahogue con palabras el corazón, prorrumpa en execraciones inútiles, como una prostituta vil, o una fregona? ¡Ah! No, ni siquiera imaginarlo. ¡Eh!... Yo he oído, que tal vez asistiendo a una representación algunos criminales, han sido heridos en el alma con tal violencia por la ilusión del teatro, que a vista de todos han confesado sus delitos, que la culpa aunque sin lengua siempre se manifestará por medios prodigiosos. Yo haré que estos actores representen delante de mi tío algún pasaje que tenga semejanza con la muerte de mi padre. Yo le heriré en lo más vivo del corazón; observaré sus gestos; si muda de color, si se estremece, ya sé lo que me toca hacer. La aparición que vi pudiera ser un espíritu del infierno. Al demonio no le es difícil presentarse bajo el más agradable aspecto; sí, y acaso como él es tan poderoso sobre una imaginación perturbada, valiéndose de mi propia debilidad y melancolía, me engaña para condenarme. Yo voy a adquirir pruebas más sólidas, y esta representación ha de ser el lazo con el que atrape la conciencia del Rey.

Acto III

Escena I

Antesala del Consejo.

Entran Claudio, Gertrudis, Polonio, Rosencrantz, Guildenstern y poco después Ofelia.

CLAUDIO.- ¿Y no os fue posible indagar en la conversación que con él tuvisteis, de qué nace aquel desorden de espíritu que tan cruelmente altera su quietud, con turbulenta y peligrosa demencia?

ROSENCRANTZ.- Él mismo reconoce los extravíos de su razón; pero no ha querido manifestarnos cuál es su causa.

GUILDENSTERN.- Ni le hallamos en disposición de ser sondeado, porque siempre huye de la cuestión, con un rasgo de demencia, cuando ve que le conducimos al punto de descubrir la verdad.

GERTRUDIS.- ¿Fuisteis bien recibidos de él?

ROSENCRANTZ.- Con mucha cortesía.

GUILDENSTERN.- Pero se le conocía una cierta sujeción.

ROSENCRANTZ.- Preguntó poco; pero respondía a todo con rapidez.

GERTRUDIS.- ¿Le habéis convidado para alguna diversión?

ROSENCRANTZ.- Sí señora, porque casualmente habíamos encontrado una compañía de actores en el camino; se lo manifestamos, y mostró complacencia al oírlo. Están ya en la corte, y creo que tienen orden de representarle esta noche una obra.

POLONIO.- Así es la verdad, y me ha encargado de suplicar a Vuestras Majestades que asistan a verla y oírla.

CLAUDIO.- Con mucho gusto; me complace en extremo saber que tiene tal inclinación. Vosotros, señores, aguzad su interés, y aplaudid su propensión a este género de deleites.

ROSENCRANTZ.- Así lo haremos, señor. *(Se van Rosencrantz y Guildenstern.)*

CLAUDIO.- Tú, mi dulce Gertrudis, deberás también retirarte, porque hemos dispuesto que Hamlet al venir aquí, como si fuera casualidad, encuentre a Ofelia. Su padre y yo, testigos los más legítimos para el fin, nos colocaremos donde veamos sin ser vistos. Así podremos juzgar de lo que entre ambos suceda, y en las acciones y palabras del Príncipe conoceremos si es pasión de amor el mal de que padece.

GERTRUDIS.- Voy a obedeceros, y por mi parte, Ofelia, ¡oh, cuánto desearía que tus encantos fuesen el dichoso motivo de la demencia de Hamlet! Entonces yo debería esperar que tus prendas amables pudieran para vuestra mutua felicidad restituirle su salud perdida.

OFELIA.- Yo, señora, también quisiera que fuese así. *(Se va la Reina.)*

POLONIO.- Paséate por aquí, Ofelia. Si Vuestra Majestad gusta, podemos ya escondernos. *(A Ofelia.)* Haz como si leyeras este libro; esta ocupación disculpará la soledad del lugar... ¡Materia es, por cierto, en que tenemos mucho de qué censurarnos! ¡Cuántas veces con el semblante de una falsa devoción y la apariencia de acciones piadosas, engañamos al mismo diablo!

CLAUDIO.- *(Aparte.)* Demasiado cierto es... ¡Qué duro latigazo ha herido esa reflexión mi conciencia! El rostro de una ramera, hermoseado con acicalamiento grosero, no es más feo despojado de los afeites, que lo es mi delito disimulado en palabras traidoras. ¡Oh! ¡Qué pesada carga me oprime!*

POLONIO.- Ya le siento llegar; señor, conviene retirarnos.

Entra Hamlet.

HAMLET.- Ser o no ser, esta es la cuestión. ¿Cuál es más digna acción del ánimo, sufrir los tiros penetrantes de la fortuna injusta, u oponer los brazos a este torrente de desgracias, y darlas fin con osada resistencia? Morir es dormir. ¿Nada más? ¿Y por un sueño, diremos, los sufrimientos se acabaron y los dolores sin cuento, patrimonio de nuestra débil naturaleza?... Este es un término que deberíamos solicitar con ansia. Morir es dormir... y tal vez soñar. Sí, y ved aquí el gran escollo, porque el considerar qué sueños podrán ocurrir en el silencio del sepulcro, cuando hayamos abandonado este despojo mortal, es razón suficientemente poderosa para detenernos. Esta es la consideración que hace nuestra desgracia tan larga. ¿Quién, si esto no fuese, aguantaría la lentitud de los tribunales, la insolencia de los empleados, las tropelías que recibe pacífico el mérito de los hombres más indignos, las angustias de un mal pagado amor, las injurias y quebrantos de la edad, la violencia

---

* Este aparte en el que se produce indirectamente la confesión del Rey resulta prematura. El espectador ha de seguir dudando todavía. Como Hamlet con el Espectro, planteándose si dijo la verdad.

de los tiranos, el desprecio de los soberbios, cuando el que esto sufre, pudiera procurar su quietud con sólo un estilete? ¿Quién podría tolerar tanta opresión, sudando, gimiendo bajo el peso de una vida de dolor si no fuese que el temor de que existe alguna cosa más allá de la Muerte (aquel país desconocido de cuyos límites ningún caminante torna) nos embaraza en dudas y nos hace sufrir los males que nos asedian; antes que ir a buscar otros que ignoramos? Esta previsión nos hace a todos cobardes, y el colorido natural del valor se debilita con los barnices pálidos de la prudencia, las empresas de mayor importancia por esta sola consideración tuercen su curso, no se ejecutan y se reducen a designios vanos. Pero... ¡la hermosa Ofelia! Graciosa niña, espero que mis pecados no serán olvidados en tus oraciones.

OFELIA.- ¿Cómo os habéis sentido, Señor, en todos estos días?

HAMLET.- Muchas gracias. Humildemente, bien, bien, bien.

OFELIA.- Alteza, conservo en mi poder algunos presentes vuestros, que deseo restituiros mucho tiempo ha, y os pido que ahora los toméis.

HAMLET.- No, yo nunca te di nada.

OFELIA.- Bien sabéis, Alteza, que os digo la verdad. Y con ellas me disteis palabras, de tan suave aliento compuestas que aumentaron con extremo su valor, pero ya disipado aquel perfume, recibidlas, que un alma generosa considera como viles los más opulentos dones, si llega a entibiarse el afecto de quien los dio. Vedlos aquí.

HAMLET.- ¡Oh! ¡Oh! ¿Sois honesta?

OFELIA.- Señor...

HAMLET.- ¿Sois bella?

OFELIA.- ¿Qué pretendéis decir con eso?

HAMLET.- Que si eres honesta y bella, no debes consentir que tu honestidad trate con tu belleza.

OFELIA.- ¿Puede, acaso, tener la belleza mejor compañera que la honestidad?

HAMLET.- Sin duda ninguna. El poder de la belleza convertirá a la honestidad en una alcahueta, antes que la honestidad logre dar a la hermosura su semejanza. En otro tiempo se tenía esto por una paradoja; pero en la época presente es cosa probada... Yo os amé antes, Ofelia.

OFELIA.- Así me lo dabais a entender Alteza.

HAMLET.- Y tú no debieras haberme creído, porque nunca puede la virtud ingerirse tan perfectamente en nuestro endurecido tronco, que nos quite aquel resquemor original... Yo no te he querido nunca.

OFELIA.- Tanto más engañada fui.

HAMLET.- Mira, vete a un convento, ¿para qué te has de exponer a ser madre de hijos pecadores? Yo soy media namente bueno; pero al considerar algunas cosas de que puedo acusarme, sería mejor que mi madre no me hubiese engendrado. Yo soy muy soberbio, vengativo, ambicioso; con más pecados sobre mi cabeza que pensamientos para explicarlos, que imaginación para darles forma, ni tiempo para llevarlos a ejecución. ¿A qué fin los miserables como yo han de existir arrastrados entre el cielo y la tierra? Todos somos más que perversos redomados; no creas a ninguno de nosotros, vete, vete a un convento... ¿En dónde está tu padre?

OFELIA.- En casa está, señor.

HAMLET.- Sí, pues que cierren bien todas las puertas, para que si quiere hacer locuras, las haga dentro de su casa. Adiós.

OFELIA.- ¡Oh! ¡Mi buen Dios! ¡Ayudadle!

HAMLET.- Si te casas quiero darte esta maldición en dote. Aunque seas un hielo en la castidad, aunque seas tan pura como la nieve; no podrás escapar a la calumnia. Vete a un convento. ¡Pronto! Adiós. Pero... escucha: si tienes necesidad de casarte, cásate con un imbécil, porque los hombres avisados saben muy bien que vosotras los convertís en monstruos con cuernos... ¡Al convento y deprisa! Adiós.

OFELIA.- ¡El Cielo, con su poder, le vuelva la razón!

HAMLET.- He oído hablar mucho de vuestros afeites y embelecos. Dios os dio una cara y vosotras os hacéis otra distinta. Con esos brinquillos, ese pasito corto, ese hablar aniñado, pasáis por inocentes y convertís en gracia vuestros mismos defectos. Pero, no hablemos más de esta materia, que me ha hecho perder la razón... Digo sólo que de hoy en adelante no habrá más casamientos; los que ya están casados (exceptuando uno) permanecerán así; los otros se quedarán solteros... Vete al convento. ¡Pronto! *(Se va Hamlet.)*

OFELIA.- ¡Oh! ¡Qué trastorno ha padecido esa alma generosa! La penetración del cortesano, la lengua del sabio, la espada del guerrero, la esperanza y delicias del estado, el espejo de la cultura, el modelo de la gentileza, que estudian los más sagaces: todo, todo se ha esfumado. Y yo, la más desconsolada e infeliz de las mujeres, que gusté algún día la miel de sus dulces promesas, veo ahora aquel noble y sublime entendimiento desafinado, como la campana sonora que se agrieta. Aquella incomparable presencia, aquel semblante de florida juventud agostada por la locura. ¡Oh! ¡Cuánta, cuánta es mi desventura, de haber visto lo que vi, para ver ahora lo que veo!

Entran de nuevo el Rey y Polonio.

CLAUDIO.- ¿Amor? ¡Qué! No van por ese camino sus afectos, ni en lo que ha dicho; aunque algo desordenado, tampoco se parecía a locura. Alguna idea tiene en el ánimo que cubre y fomenta su melancolía, y recelo que ha de ser un mal el fruto que produzca; a fin de prevenirlo, he resuelto que navegue prontamente para Inglaterra, a pedir en mi nombre los atrasados tributos. Tal vez el mar y los países podrán con la variedad de objetos alejar esta obsesión que le ocupa, sea la que fuere, sobre la cual su imaginación martillea sin cesar. ¿Qué os parece?

POLONIO.- Que así es lo mejor. Pero yo creo, sin embargo, que el origen y principio de su aflicción provengan de un amor mal correspondido. Tú, Ofelia, no hay para qué nos cuentes lo que te ha dicho el Príncipe, que todo lo hemos oído. Obrad como os plazca, señor; pero si lo juzgáis a propósito, sería bien que la Reina retirada a solas con él, después que se acabe el espectáculo, le inste a que la manifieste sus desventuras, hablándole con entera libertad. Yo, si lo permitís, me pondré en lugar donde pueda escuchar toda la conversación. Si no logra su madre descubrir este secreto, enviadle a Inglaterra, o desterradle a donde vuestra prudencia os aconseje.

CLAUDIO.- Así se hará. La locura de los poderosos debe ser examinada con escrupulosa atención. *(Se van.)*

ESCENA II

Gran gala en el castillo. Tablado y asientos para
asistir a la representación.

Entran Hamlet y otros dos actores.

HAMLET.- Dirás este parlamento en la forma que te le
he declamado yo: con soltura de lengua, no con voz
desentonada, como lo hacen muchos de nuestros cómicos; más valdría entonces dar mis versos al pregonero
para que los dijese. Ni manotees así, como si serraras
el aire: moderación en todo; puesto que incluso en el
torrente, la tempestad, y por mejor decir, el huracán de
las pasiones, se debe conservar aquella templanza que
le dé suavidad y elegancia de expresión. A mí me des-
asosiega en extremo ver a un hombre, muy cubierta la
cabeza con su peluca, que a fuerza de gritos estropea
los afectos que quiere expresar, y rompe y desgarra los
oídos del vulgar rudo; que sólo gusta de gesticulaciones
insignificantes y de estrépito. Yo mandaría azotar a un
energúmeno de tal especie por exagerar a Termagante[*]:
Herodes de farsa, más furioso que el mismo Herodes.
Evita, evita este vicio.

ACTOR 1º.- Así os lo prometo.

HAMLET.- Ni seas tampoco demasiado frío; tu misma
prudencia debe guiarte. La acción debe ajustarse a
la palabra, y esta a la acción, cuidando siempre de no
atropellar la simplicidad de la Naturaleza. No hay defecto que más se oponga al fin de la representación que
desde el principio hasta ahora, ha sido y es: ofrecer a
la Naturaleza un espejo en que vea la virtud su propio
semblante, el vicio su propia imagen, cada nación y

---

[*] Un dios que los cristianos atribuían a los sarracenos, símbolo de la
violencia.

cada siglo sus principales caracteres. Si esta pintura se exagera o se debilita, excitará la risa de los necios; pero no puede menos de disgustar a los discretos, cuya censura debe ser para vosotros de más peso que la de toda la multitud que llena el teatro. Yo he visto representar a algunos cómicos, que otros aplaudían con entusiasmo, por no ofender a Dios; los cuales no tenían acento ni traza de cristianos, ni de paganos, ni de hombres; que al verlos pavonearse y bramar, no los juzgué de la especie humana, sino unos engendros rudos de hombres, fabricados por algún mal aprendiz de la Naturaleza. Tan inicuamente imitaban a la humanidad.

ACTOR 1º.-Yo creo que en nuestra compañía se ha corregido bastante ese defecto, Alteza.

HAMLET.- Corregidle del todo, y cuidad también que los que hacen de graciosos no añadan nada a lo que está escrito en su papel; porque algunos de ellos, para hacer reír a los oyentes más estúpidos, empiezan a dar risotadas, cuando el interés del drama debería ocupar toda la atención. Esto es mezquino, y manifiesta demasiado en los imbéciles que lo practican, el ridículo empeño de lucirlo. Id a preparaos. *(Los actores se van.)*
Entran Polonio, Rosencrantz y Guildenstern.
Y bien, Polonio, ¿gustará el Rey de oír esta pieza?

POLONIO.- Sí, señor, al instante y la Reina también.

HAMLET.- Ve a decir a los actores que se apresuren. ¿Queréis ir vosotros a darles prisa?

ROSENCRANTZ.- Con mucho gusto, Alteza. *(Se van.)*
Entra Horacio.

HAMLET.- ¿Quién es?... ¡Ah! Horacio.

HORACIO.- Aquí estoy, señor, a vuestras órdenes.

HAMLET.- Tú, Horacio, eres un hombre cuyo trato me ha agradado siempre.

HORACIO.- ¡Oh, querido Príncipe!

HAMLET.- No creas que pretendo adularte. ¿Ni qué utilidades puedo yo esperar de ti? Que exceptuando tus buenas prendas, no tienes otras rentas para alimentarte y vestirte. ¿Por qué habría de adular al pobre? No... Los que tienen almibarada la lengua se vayan a lamer con ella la necia grandeza, y doblen los goznes de sus rodillas donde la lisonja encuentre lucro. ¿Me has entendido? Desde que mi alma se halló capaz de conocer a los hombres y pudo elegirlos; tú fuiste el escogido y marcado para ella, porque siempre, o desgraciado o feliz, has recibido con igual semblante los premios y los reveses de la suerte. Dichosos aquellos cuyo temperamento y juicio se combinan con tal acuerdo, que no son entre los dedos de la fortuna una flauta, dispuesta a sonar a su antojo. Mostradme un hombre que no sea esclavo de sus pasiones, y yo le colocaré dentro de mi corazón; hasta o más profundo, como lo hago contigo. Pero, yo me alargo demasiado en esto. Esta noche se representa un drama delante del Rey, una de sus escenas contiene circunstancias muy parecidas a las de la muerte de mi padre, de que ya te conté. Te encargo que cuando este paso se represente, observes a mi tío con la más viva atención del espíritu, si al ver uno de aquellos lances su oculto crimen no se descubre por sí solo, sin duda el que hemos visto es un espíritu infernal, y son todas mis ideas más negras que la fragua de Vulcano. Examínale cuidadosamente, yo también clavaré los ojos en su rostro, y después uniremos nuestras observaciones para juzgar lo que su exterior nos revele.

HORACIO.- Está bien, Alteza, y si durante el espectáculo logra hurtar a nuestra indagación el menor detalle, yo pagaré el descuido.

HAMLET.- Ya vienen a la función, vuélvome a hacer el loco, y tú busca asiento.

Entran Claudio, Gertrudis y Hamlet, Horacio, Polonio, Ofelia, Rosencrantz, Guildenstern, y acompañamiento de Damas, Caballeros, Pajes y la Guardia Real con antorchas. Suena la marcha danesa.

CLAUDIO.- ¿Cómo está, nuestro sobrino Hamlet?

HAMLET.- Perfectamente, señor, me mantengo del aire como el camaleón, engordo con esperanzas. No podréis vos cebar así a vuestros capones.

CLAUDIO.- No comprendo esa respuesta, Hamlet; ni tales razones son para mí.

HAMLET.- Ni para mí tampoco. *(A Polonio.)* ¿No dices tú que una vez representaste en la Universidad? ¿Eh?

POLONIO.- En efecto Alteza, así es, y fui reputado por muy buen actor.

HAMLET.- ¿Y qué papel hiciste?

POLONIO.- El papel de Julio César. Bruto me asesinaba en el Capitolio.

HAMLET.- Muy bruto fue el que cometió en el Capitolio tan capital delito. ¿Están ya prevenidos los actores?

ROSENCRANTZ.- Sí, señor, y esperan sólo vuestras órdenes.

GERTRUDIS.- Ven aquí, mi querido Hamlet, siéntate a mi lado.

HAMLET.- No, señora, aquí hay un imán de más atracción para mí.

POLONIO.- ¡Ah! ¡Ah! ¿Habéis notado eso?

HAMLET.- ¿Permitiréis que repose en vuestro regazo?

OFELIA.- No Alteza.

HAMLET.- Quiero decir, apoyar mi cabeza en vuestro regazo.

OFELIA.- Eso sí señor.

HAMLET.- ¿Pensáis que yo quisiera cometer alguna indecencia?

OFELIA.- No, no pienso nada de eso Alteza.

HAMLET.- Qué dulce cosa es reposar entre las piernas de una doncella.

OFELIA.- ¿Qué decís, señor?

HAMLET.- Nada.

OFELIA.- Se conoce que estáis de buen humor Alteza.

HAMLET.- ¿Quién, yo?

OFELIA.- Sí, vos.

HAMLET.- Lo hago sólo por divertiros. Y, bien mirado, ¿qué debe hacer un hombre sino estar de buen humor? Ved mi madre qué contenta está y mi padre murió ayer.

OFELIA.- ¡Eh! No Alteza, que ya hace dos meses.

HAMLET.- ¿Tanto ha? ¡Oh! Pues quiero vestirme todo de armiños y llévese el diablo el luto. ¡Dios mío! Dos meses ha que murió y ¿todavía se acuerdan de él? De esa manera ya puede esperarse que la memoria de un grande hombre le sobreviva, quizás, medio año; bien que es menester que haya sido fundador de iglesias, que si no, por la Virgen santa, no habrá nadie que de él se acuerde: como del caballo de palo, de quien dice aquel epitafio.

«Ya murió el caballito de palo
y ya le olvidaron así que murió.»

Suenan los oboes y comienza la pantomima. Entran el Rey y la Reina muy amartelados; ella se arrodilla haciéndole grandes promesas de amor. Él la levanta y reclina su cabeza sobre el hombro de ella; después él se tiende sobre un lecho de flores y cuando ella lo ve dormido, se aparta de su lado. Surge enseguida otro personaje que quita al Rey su corona, lo besa y arroja un veneno en el oído del Rey, haciendo mutis. La Reina retorna, encuentra muerto al rey y hace ademanes apasionados. Vuelve el envenenador, acompañado de dos o tres comparsas, fingiendo lamentarse con ella. Se llevan las comparsas el cadáver. El envenenador corteja la Reina con ofrendas, quien al principio las rechaza, pero acaba por aceptar su amor. Los actores se van.

OFELIA.- ¿Qué significa esto, Alteza?

HAMLET.- Eso es un asesinato oculto, y anuncia grandes maldades.

OFELIA.- Según parece, la pantomima contiene el argumento del drama.

HAMLET.- Ahora lo sabremos por lo que nos diga ese actor; los cómicos no pueden callar un secreto, todo lo cuentan.

OFELIA.- ¿Nos dirá este lo que significa la escena que hemos visto?

HAMLET.- Sí, por cierto, y cualquiera otra escena que le hagáis ver. Como no os avergoncéis de representársela, él no se avergonzará de deciros lo que significa.

OFELIA.- ¡Qué malo! ¡Qué malo sois! Pero, dejadme atender a la pieza.

Entra el Prólogo

PRÓLOGO.- *Humildemente os pedimos*
   que escuchéis esta Tragedia,
   disimulando las faltas
   que haya en nosotros y en ella. (Se va.)

HAMLET.- ¿Es esto prólogo, o la inscripción de una sortija?

OFELIA.- ¡Qué corto ha sido!

HAMLET.- Como amor de mujer.

Entran dos actores ataviados de Rey y Reina.

ACTOR REY.- *Ya treinta vueltas dio el carro de Febo*
   a las ondas saladas de Nereo,

y al globo de la tierra, y treinta veces
con luz prestada han alumbrado el suelo
doce lunas, en giros repetidos,
después que el Dios de amor y el Himeneo
nos enlazaron, para dicha nuestra,
en nudo santo vínculos sagrados.

ACTOR REINA.- *La Luna y el Sol ya habrán languidecido*
antes que el fuego de este amor se haya extinguido.
Pero es mi pena inconsolable al veros
doliente, triste, y tan diferente ahora
de aquel que fuisteis... Tímida recelo...
Mas toda mi aflicción nada os inquiete:
que en pecho de mujer llega al exceso
el temor y el amor. Allí residen
en igual proporción ambos afectos,
o no existe ninguno, o se combinan
este y aquel con el mayor extremo.
De mi amor ya os di prueba suficiente;
pues tal es mi temor. Si un fino amante,
sin motivo tal vez, vive temiendo;
la que al veros así toda es temores,
muy puro amor abrigará en el pecho.

ACTOR REY.- *Sí, yo debo dejarte, amada mía,*
inevitable es ya: cederán presto
a la muerte mis fuerzas fatigadas;
tú vivirás, gozando del obsequio
y el amor de la tierra. Acaso entonces
un nuevo esposo...

ACTOR REINA.- *No, dad al olvido*
esos anuncios. ¿Yo? Pues ¿no serían
traición culpable en mí tales afectos?
¿Yo un nuevo esposo? No, la que se entrega
al segundo, señor, mató al primero.

HAMLET.- Esto es zumo de ajenjos amargos.

ACTOR REINA.- *Motivos de interés tal vez nos llevan*
a renovar los lazos de Himeneo;
no motivos de amor: yo causaría
segunda muerte a mi difunto dueño
cuando del nuevo esposo recibiera
en tálamo nupcial ardientes besos.

ACTOR REY.- *No dudaré que el corazón te dicta*
lo que aseguras hoy: fácil suponemos
cumplir lo prometido y fácilmente
se rompe y se arrincona. Los deseos
del hombre a la memoria están sometidos.
Así pende del ramo áspero el fruto,
y así maduro, sin impulso ajeno,
se desprende después. Difícilmente
nos acordamos de llevar a efecto
promesas realizadas a nosotros mismos,
que al cesar la pasión cesa el anhelo.
Cuando de la aflicción y la alegría
se moderan los ímpetus arrebatados,
con ellos se extinguen las ideas
a que dieron lugar, y el más ligero
sino, los placeres en afanes
muda tal vez, y en risa los lamentos.
Amor, como la fortuna, es inconstante:
que en este mundo en verdad nada hay eterno,
y aun se ignora si él gobierna a la fortuna
o si esta del amor cede del imperio.
Si el poderoso del lugar privilegiado
se desploma, le abandonan luego
cuantos gozaron su favor; si el pobre
sube a prosperidad, los que le fueron
más enemigos su amistad intentan

(y el amor sigue a la fortuna en el empeño)
que nunca al afortunado amigos faltan,
ni al pobre desengaños y desprecios.
Por diferente camino anda
los destinos del hombre y sus afectos,
y sólo en él la voluntad es libre;
mas no la puesta en marcha, y así el suceso
nuestros designios todos desvanece.
Tú me prometes no rendir a nuevo
yugo tu libertad... Esas ideas,
¡ay!, morirán cuando me vieres muerto.

ACTOR REINA.- *Luces me niegue el sol, frutos la tierra,*
sin descanso y placer me falte aliento,
desesperada y en prisión oscura
su mesa envidie al eremita austero;
cuantas penas el ánimo entristecen,
todas turben al fin de mis deseos
y los destruyan, ni quietud encuentre
en parte alguna con anhelo eterno;
si ya difunto mi primer esposo,
segundas bodas malvada yo celebro.

HAMLET.- Si ella no cumpliese lo que promete...

ACTOR REY.- *Mucho juraste. Aquí gozar quisiera*
solitaria quietud, abandonado siento
al cansancio mi espíritu. Permite
que alguna parte le conceda al sueño
de las molestas horas.

ACTOR REINA.- *Él te mime*
Duerme ¡y nunca el Cielo
en unión tan feliz pesares mezcle! (Se va.)

HAMLET.- Y bien, señora, ¿qué tal os parece la comedia?

GERTRUDIS.- Me parece que esa mujer hace demasiadas promesas.

HAMLET.- ¡Sí, pero las cumplirá todas!

CLAUDIO.- ¿Te has enterado bien del asunto? ¿Tiene algo que sea ofensivo en él?

HAMLET.- No, señor, no. Si todo ello es mera ficción, un veneno..., fingido; pero mal ejemplo, ¡qué! No señor.

CLAUDIO.- ¿Cómo se titula el Drama?

HAMLET.- *La Ratonera.* Cierto que sí... es un título metafórico. En esta pieza se trata de un homicidio cometido en Viena... el Duque se llama Gonzago y su mujer Baptista... Ya, ya veréis presto... ¡Oh! ¡Es un enredo maldito! Y ¿qué importa? A Vuestra Majestad y a mí, que no tenemos culpado el ánimo, no nos puede incomodar: al rocín que esté lleno de mataduras le hará dar coces; pero, a bien que nosotros no tenemos desollado el lomo.

Entra otro actor: Luciano.

Este que sale ahora se llama Luciano, sobrino del Rey.

OFELIA.- Vos suplís perfectamente la falta del coro Alteza.

HAMLET.- También podría narrar vuestros amores, si viese puestos en acción los títeres.

OFELIA.- ¡Vaya, que tenéis una lengua muy afilada!

HAMLET.- Con un buen suspiro que deis, se la quita el filo.

OFELIA.- Eso es; siempre de mal en peor.

HAMLET.- Así hacéis vosotras en la elección de maridos: de mal en peor. *(A Luciano.)* Empieza asesino... Déjate de poner ese gesto de condenado y empieza. Vamos... el cuervo graznador está ya gritando venganza.

LUCIANO.- *Negros designios, brazo ya dispuesto*
a ejecutarlos, tosigo oportuno,
sitio remoto, favorable el tiempo
y nadie que lo observe. Tú, extraído

> *de la profunda noche en el silencio*
> *atroz veneno, de mortales yerbas*
> *(invocada Hécate) compuesto:*
> *infectadas tres veces y otras tantas*
> *exprimidas después, sirve a mi intento;*
> *pues a tu actividad mágica, horrible,*
> *la robustez vital cede tan presto.*

HAMLET.- ¿Veis? Ahora le envenena en el jardín para usurparle el cetro. El Rey se llama Gonzago, es historia cierta y corre escrita en muy buen italiano. Presto veréis como la mujer de Gonzago se enamora del matador.

OFELIA.- El Rey se levanta.

HAMLET.- ¿Qué? ¿Le atemoriza un fuego fatuo?

GERTRUDIS.- ¿Qué tenéis, señor?

POLONIO.- No paséis adelante, dejadlo.

CLAUDIO.- Traed luces. Vamos de aquí.

TODOS.- Luces, luces.

Salen todos menos Hamlet y Horacio.

HAMLET.- *El ciervo herido llora*
> *y el corzo no tocado*
> *de flecha voladora,*
> *retoza por el prado;*
> *duerme aquel, y a deshora*
> *veis este desvelado,*
> *que tanto el mundo va desordenado.*

Y, dígame, señor mío, si en adelante la fortuna me tratase mal, con esta gracia que tengo para la música, y un bosque de plumas en la cabeza, y un par de lazos provenzales en mis zapatos rayados, ¿no podría hacerme lugar entre un coro de actores?

HORACIO.- A medio sueldo.

HAMLET.- A sueldo completo.

Tú sabes, Damon querido,
que este reino ha perdido
al mismo Júpiter, y violento
tirano lo ha sucedido
en el trono mal habido,
un... ¿Quien diré yo? Un perfecto... granuja.

HORACIO.- Bien pudierais haber conservado el consonante.

HAMLET.- ¡Oh! Mi buen Horacio; cuanto aquel espectro dijo es demasiado cierto. ¿Lo has visto ahora?

HORACIO.- Sí señor, bien lo he visto.

HAMLET.- ¿Cuándo se trató de veneno?

HORACIO.- Bien, bien le observé entonces.

HAMLET.- ¡Ah! Quisiera algo de música: traedme unas flautas... Si el Rey no gusta de la comedia, será sin duda porque... Porque le asusta. ¡Venga un poco de música! *Entran de nuevo Rosencrantz y Guildenstern.*

GUILDENSTERN.- Señor, ¿permitiréis que os diga una palabra?

HAMLET.- Y una historia entera.

GUILDENSTERN.- El Rey, señor.

HAMLET.- Muy bien, ¿qué le sucede?

GUILDENSTERN.- Se ha retirado a su cuarto profundamente descompuesto.

HAMLET.- Por el vino. ¿Eh?

GUILDENSTERN.- No Alteza, por la cólera.

HAMLET.- Pero, ¿no sería más acertado írselo a contar al médico? ¿No veis que si yo me meto en hacerle purgar ese humor bilioso, puede ser que le aumente?

GUILDENSTERN.- ¡Oh! Señor, creo que deberías medir vuestras palabras, sin desentenderos con tanta brusquedad de lo que os vengo a decir.

HAMLET.- Estamos de acuerdo. Soy todo oídos, caballero.

GUILDENSTERN.- La Reina vuestra madre, llena de la mayor aflicción, me envía a buscaros.

HAMLET.- Seáis muy bien venido.

GUILDENSTERN.- Alteza, esos cumplimientos no tienen nada de sinceridad. Si queréis darme una respuesta sensata, cumpliré el encargo de la Reina; si no, con pediros perdón y retirarme se acabó todo.

HAMLET.- Pues, señor, no puedo.

GUILDENSTERN.- ¿Cómo?

HAMLET.- Me pides una respuesta sensata y mi razón está un poco trastornada; no obstante, responderé del modo que pueda a cuanto me mandes, o por mejor decir, a lo que mi madre me manda. Con que nada hay que añadir en esto. Vamos al caso. Tú has dicho que mi madre...

ROSENCRANTZ.- Señor, lo que dice es que vuestra conducta la ha llenado de sorpresa y admiración.

HAMLET.- ¡Oh! ¡Maravilloso hijo! Que así ha podido asombrar a su madre. Pero, dime, ¿esa admiración no ha traído otra consecuencia? ¿No hay algo más?

ROSENCRANTZ.- Sólo que desea hablaros en su gabinete, antes que os vayáis a dormir.

HAMLET.- La obedeceré, si diez veces fuera mi madre. ¿Tienes algún otro negocio que tratar conmigo?

ROSENCRANTZ.- Señor, yo me acuerdo que en otro tiempo me estimabais mucho.

HAMLET.- Y ahora también. Te lo juro, por estas manos pecadoras.

ROSENCRANTZ.- Pero, ¿cuál puede ser el motivo de vuestra turbación? Eso, por cierto, es cerrar vos mismo las puertas de vuestro desahogo, no queriendo comunicar con vuestros amigos los pesares que sentís.

HAMLET.- No soy nadie en este reino, caballero.

ROSENCRANTZ.- ¿Cómo es posible? ¿Cuándo tenéis el voto del Rey mismo para sucederte en el trono de Dinamarca?

HAMLET.- Sí, pero mientras la yerba crece... Ya es un poco rancio el tal refrán. ¡Ah! Ya están aquí las flautas.

Entran unos actores con flautas.

Dejadme ver una... ¿A qué tengo de ir ahí? Parece que me quieres hacer caer en alguna trampa, según me cercas por todos lados.

GUILDENSTERN.- Ya veo, Alteza, que si el deseo de cumplir con mi obligación me da osadía; acaso el cariño que os tengo me hace grosero también e importuno.

HAMLET.- No entiendo bien eso. ¿Quieres tocar esta flauta?

GUILDENSTERN.- No sabría hacerlo, Alteza.

HAMLET.- Os lo suplico.

GUILDENSTERN.- Creedme, no sé tocarla.

HAMLET.- Más fácil es mentir. Mira, pon el pulgar y los demás dedos según convenga sobre estos agujeros, sopla con la boca y verás que hermoso sonido resulta. ¿Ves? Estos son los registros.

GUILDENSTERN.- Bien, pero si no sé hacer uso de ellos para que produzcan armonía. Como ignoro el arte...

HAMLET.- Pues, mira tú, en qué opinión tan baja me tienes. Tú me quieres tocar, presumes conocer mis registros, pretendes extraer lo más íntimo de mis secretos, quieres hacer que suene desde el más grave al más agudo de mis tonos y ve aquí este pequeño órgano, capaz de excelentes voces y de armonía, que tú no puedes hacer sonar. ¿Y juzgas que se me maneja a mí con más facilidad que a una flauta? No; dame el nombre del instrumento que quieras; por más que le manejes y te fatigues, jamás conseguirás hacerle producir el menor sonido. *(Entra Polonio.)* ¡Oh! Dios te bendiga.

POLONIO.- Alteza, la Reina quisiera hablaros al instante.

HAMLET.- ¿No ves allí aquella nube que parece un camello?

POLONIO.- Cierto, así en el tamaño parece un camello.

HAMLET.- Pues ahora me parece una comadreja.

POLONIO.- No hay duda, tiene figura de comadreja.

HAMLET.- O como una ballena.

POLONIO.- Es verdad, sí, como una ballena.

HAMLET.- Pues al instante iré a ver a mi madre. Tanta carantoña harían estos, que me volverán loco de veras. Iré, iré al instante.

POLONIO.- Así se lo diré.

HAMLET.- Fácilmente se dice, al instante viene. Dejadme solo, amigos. *(Se va Polonio.)* Este es el espacio de la noche, apto para los maleficios. Esta es la hora en que los cementerios se abren y el infierno respira pestilencia al mundo. Ahora podría yo beber caliente sangre, ahora podría ejecutar tales acciones, que el día se estremeciese al verla. Pero, vamos a ver a mi madre... ¡Oh! ¡Corazón! No desconozcas la naturaleza, ni permitas que en este firme pecho se albergue la fiereza de Nerón. Déjame ser cruel, pero no parricida. El puñal que ha de herirla está en mis palabras, no en mi mano; disimulen el corazón y la lengua, sean las que fueren las execraciones que contra ella pronuncie, nunca, nunca mi alma solicitará que se cumplan. *(Se va.)*

ESCENA III

Una sala del castillo.

Entran Claudio, Rosencrantz y Guildenstern.

CLAUDIO.- No, no le quiero aquí; ni conviene a nuestra seguridad dejar libre el campo a su locura. Preveníos, pues, y haré que inmediatamente se os despache para que él os acompañe a Inglaterra. El interés de mi corona no permite ya exponerme a un riesgo tan inmediato, que crece por instantes en los accesos de sus arrebatos.

GUILDENSTERN.- Al momento dispondremos nuestra marcha. El más santo y religioso temor es aquel que procura resguardar la existencia de tantos individuos, cuya vida pende de vuestra Majestad.

ROSENCRANTZ.- Si es obligación en un particular defender su vida de toda ofensa, por medio de la fuerza y el arte, ¿cuánto más lo será conservar aquella en quien estriba la felicidad pública? Cuando llega a faltar el Monarca, no muere él solo, sino que, a manera de un torrente precipitado, arrebata consigo cuanto le rodea. Como una gran rueda colocada en la cima del más alto monte, a cuyos enormes rayos están asidas innumerables piezas menores; que si llega a caer, no hay ninguna de ellas, por más pequeña que sea, que no padezca igualmente en el total destrozo. Nunca el Soberano exhala un suspiro sin excitar en su nación general lamento.

CLAUDIO.- Yo os ruego que os arméis sin dilación para el viaje. Quiero encadenar este temor, que ahora camina demasiado libre.

LOS DOS.- Nos apresuraremos. *(Se van ambos.)*
Entra Polonio.

POLONIO.- Señor, ya se ha encaminado al cuarto de su madre, voy a ocultarme detrás de los tapices para ver el suceso. Es seguro que ella le reprenderá como él merece, y como vos mismo habéis observado muy bien, conviene que asista a oír la conversación alguien más que su madre, que naturalmente le ha de ser parcial, como a todas sucede. Quedaos a Dios, yo volveré a veros antes que os recojáis para deciros lo que haya ocurrido.

CLAUDIO.- Gracias, querido Polonio. *(Se va Polonio.)* ¡Oh! ¡Mi culpa es podrida! Su hedor sube al cielo, llevando consigo la maldición más terrible, la muerte de un hermano. No puedo recogerme a orar, por más que eficazmente lo procuro, que es más fuerte que mi voluntad el delito que la destruye. Como el hombre a quien dos obligaciones llaman, me detengo a considerar por cuál empezaré primero, y no cumpla ninguna... Pero, si esta mano execrable estuviese aún más teñida en la sangre fraterna, ¿faltará en los Cielos piadosos suficiente lluvia para volverla cándida como la nieve misma? ¿De qué sirve la misericordia, si no para afrontar el rostro del pecado? ¿Qué hay en la oración sino aquella duplicada fuerza, capaz de sostenernos al ir a caer, o de adquirirnos el perdón habiendo caído? Entonces, alzaré mis ojos al cielo, y quedará borrada mi culpa. Pero, ¿qué género de oración habré de utilizar? Perdona, señor, perdona el horrible homicidio que cometí... ¡Ah! Que será imposible, mientras sigo poseyendo los objetos que me determinaron a la maldad: mi ambición, mi corona, mi esposa... ¿Podrá merecerse el perdón cuando la ofensa existe? En este mundo corrompido ocurre con frecuencia que la mano delincuente, derramando el oro, aleja la justicia, y tuerce con dádivas la integridad de las leyes; no así en el cielo, que allí no hay trampa, allí comparecen las acciones humanas como ellas son, y nos vemos compelidos a manifestar nuestras faltas todas, sin excusa, sin rebozo alguno... En fin, en fin, ¿qué debo hacer?... Probemos lo que puede el arrepentimiento... y ¿qué no podrá? Pero, ¿qué ha de poder con quien no puede sentirlo? ¡Oh! ¡Situación infeliz! ¡Oh! ¡Conciencia abyecta con sombras de muerte! ¡Oh! ¡Alma mía atrapada! Que cuanto más te esfuerzas para ser libre, más quedas oprimida, ¡Ángeles, socorredme! Probad en mí vuestro poder. Dóblense mis rodillas tenaces, y tu corazón mío con grilletes de acero, hazte blando como los nervios del niño que acaba de nacer. Quizás tengan remedio mis quebrantos. *(Se arrodilla.) Entra Hamlet.*

HAMLET.- Esta es la ocasión favorable. Ahora está rezando, ahora le mato... *(Desenvaina.)* Y así se irá a la gloria... ¿y es esta mi venganza? No, reflexionemos. Un malvado asesina a mi padre, y yo, su hijo único, aseguro al villano la gloria. ¿No es esto, en vez de venganza, premio y recompensa? Él sorprendió a mi padre, acabados los desórdenes del banquete, cubierto de más culpas que el mayo tiene flores... ¿quién sabe, sino Dios, la estrecha cuenta que hubo de dar? Pero, según nuestra razón concibe, terrible ha sido su sentencia. ¡Y quedaré vengado dándole a este la muerte, precisamente cuando purifica su alma, cuando se dispone para la partida! No, espada mía, vuelve a tu lugar y espera ocasión de ejecutar más tremendo golpe. Cuando esté ocupado en el juego, cuando blasfeme colérico, o duerma borracho, o se abandone a los placeres incestuosos del lecho, o cometa acciones contrarias a su salvación; hiérele entonces, caiga precipitado al profundo y su alma quede negra y maldita, como el infierno que ha de recibirle. Mi madre me espera, malvado; ¡Tu devoción tardía no ha hecho más que prolongar tu agonía! *(Se va.)*

CLAUDIO.- *(Levantándose.)* Mis palabras suben al cielo, mis afectos quedan en la tierra. Palabras sin afectos, nunca llegan a los oídos de Dios.

ESCENA VI

Cuarto de la Reina.

Entra Gertrudis, Polonio y Hamlet.

POLONIO.- Va a venir al momento. Mostraos enérgica, decidle que sus locuras han sido demasiado atrevidas e intolerables, que vuestra bondad le ha protegido, mediando entre él y la justa cólera que provocó. Yo, entretanto, retirado aquí, guardaré silencio. Habladle con libertad, yo os lo ruego.

HAMLET.- Madre, madre.

GERTRUDIS.- Así te lo prometo, nada temo. Ya le siento llegar. Ocúltate. *(Polonio se esconde tras los tapices.) Entra Hamlet.*

HAMLET.- Aquí estoy, madre. ¿Qué es lo que sucede?

GERTRUDIS.- Hamlet, muy ofendido tienes a tu padre.

HAMLET.- Madre, muy ofendido tenéis al mío.

GERTRUDIS.- Ven, ven aquí; tú me respondes con lengua demasiado ligera.

HAMLET.- Voy, voy allá... y vos me preguntáis con lengua bien perversa.

GERTRUDIS.- ¿Qué es esto, Hamlet?

HAMLET.- ¿Y qué es eso, madre?

GERTRUDIS.- ¿Te olvidas de quién soy?

HAMLET.- No, por la cruz bendita, que no me olvido. Sois la Reina, casada con el hermano de vuestro primer esposo y... Ojalá no fuera así... ¡Eh! Sois mi madre.

GERTRUDIS.- Bien está. Yo te pondré delante de quien te haga hablar con más acuerdo.

HAMLET.- *(Sujetándola.)* Venid, sentaos y no saldréis de aquí, no os moveréis; sin que os ponga un espejo delante en que veáis lo más oculto de vuestra conciencia.

GERTRUDIS.- ¿Qué intentas hacer? ¿Quieres matarme?... ¿Quién me socorre?.. ¡Cielos!

POLONIO.- *(Dentro.)* Socorro pide... ¡Oh!..

HAMLET.- ¿Qué es esto?... ¿Un ratón? Murió... Un ducado a que ya está muerto. *(Atraviesa el tapiz con la espada.)*

POLONIO.- ¡Ay de mí!

GERTRUDIS.- ¿Qué has hecho?

HAMLET.- Nada... ¿Qué sé yo?.. ¿Si sería el Rey? *(Levanta el tapiz y descubre a Polonio.)*

GERTRUDIS.- ¡Qué acción tan impremeditada y sangrienta!

HAMLET.- Es verdad, madre mía, acción sangrienta y casi tan horrible como la de matar a un Rey y casarse después con su hermano.

GERTRUDIS.- ¿Matar a un Rey?

HAMLET.- Sí, señora, eso he dicho. *(A Polonio.)* Y tú, miserable, temerario, entremetido, loco, adiós. Yo te tomé por otra persona de más consideración. Mira el premio que has adquirido; ve ahí el riesgo que tiene la demasiada curiosidad. *(A su madre.)* No, no os retorzáis las manos... sentaos aquí, y dejad que yo os tuerza el corazón. Así he de hacerlo, si no le tenéis formado de impenetrable pasta, si las costumbres malditas no le han convertido en un muro de bronce, opuesto a toda sensibilidad.

GERTRUDIS.- ¿Qué hice yo, Hamlet, para que con tal dureza me insultes?

HAMLET.- Una acción que mancha la tez purpúrea de la modestia, y da nombre de hipocresía a la virtud, arrebata las flores de la frente hermosa de un inocente amor, colocando una llaga en ella, que hace más perversos los votos conyugales que las promesas del tahúr. Una acción que destruye la buena fe, alma de los contratos, y convierte la dulce religión en una rapsodia frívola de palabras. Una acción, en fin, capaz de inflamar en ira la faz del cielo y trastornar con desorden horrible esta sólida y artificial máquina del mundo, como si se aproximara el día del juicio.

GERTRUDIS.- ¡Ay de mí! ¿Y qué acción es esa que así exclamas al anunciarla, con espantosa voz de trueno?

HAMLET.- Mirad aquí presentes, en esta y esta pintura, los retratos de dos hermanos. ¡Ved cuánta gracia residía en aquel semblante! Los cabellos de Hiperión, la frente como la del mismo Júpiter; su vista imperiosa y amenazadora, como la de Marte; su gentileza, semejante a la del mensajero, Mercurio, cuando aparece sobre una montaña cuya cima llega a los cielos. ¡Hermosa combinación de formas! Donde cada uno de los dioses imprimió su carácter para que el mundo admirase tantas perfecciones en un hombre solo. Este fue vuestro esposo. Ved ahora el que sigue. Este es vuestro esposo que como la podrida espiga destruye la salud de su hermano. ¿Lo veis bien? ¿Pudisteis abandonar las delicias de aquella colina hermosa por el cieno de ese pantano? ¡Ah! ¿Lo veis bien?... Ni podéis llamarlo amor; porque en vuestra edad los hervores de la sangre están ya domados y obedientes a la prudencia, y ¿qué prudencia desde aquel a este? Sentidos tenéis, que a no ser así no tuvierais afectos; pero esos sentidos están paralizados. La demencia misma no podría incurrir en tanto error, ni el frenesí tiraniza con tal exceso las sensaciones, que no quede suficiente juicio para saber elegir entre dos objetos, cuya diferencia es tan visible... ¿Qué demonio os pudo engañar y cegar así? Los ojos sin sentimiento, sentimiento sin la vista, los oídos o el olfato solo, una débil porción de cualquier sentido hubiera bastado para impedir tal locura... ¡Oh!, modestia, ¿y no te sonrojas? ¡Rebelde infierno! Si así pudiste inflamar las médulas de una matrona, permite, permite que la virtud en la edad juvenil sea dócil como la cera y se liquide en sus propios fuegos; ni se invoque al pudor para resistir su violencia, puesto que el hielo mismo con tal actividad se enciende y es ya el deseo el que prostituye a la razón.

GERTRUDIS.- ¡Oh! ¡Hamlet! No digas más... Tus razones me hacen dirigir la vista a mi conciencia, y advierto allí las más negras y profundas manchas, que quizás nunca podrán borrarse.

HAMLET.- ¡Y permanecer así entre el pestilente sudor de un lecho incestuoso, envilecida en corrupción prodigando caricias de amor en aquella pocilga impura!

GERTRUDIS.- No más, no más, que esas palabras, como agudos puñales, hieren mis oídos... No más, dulce Hamlet.

HAMLET.- Un asesino... Un villano... Un esclavo... Inferior mil veces a vuestro difunto esposo... Escarnio de los Reyes, ratero del imperio y el mando; que robó la preciosa corona y se la guardó en el bolsillo.

GERTRUDIS.- ¡Ya basta!

HAMLET.- ¡Un monarca de andrajos y remiendos!*

Aparece el Espectro.

* Se refiere al traje de bufón.

Un Rey de botarga... ¡Oh! ¡Espíritus celestes, defendedme! Cubridme con vuestras alas... ¿Qué quieres, venerada figura? ¿Qué quieres de mí?

GERTRUDIS.- ¡Dios mío, está loco!

HAMLET.- ¿Vienes acaso a culpar la negligencia de tu hijo, que debilitado por la compasión y la tardanza, olvida la importante ejecución de tu precepto terrible?... ¡Responde!

ESPECTRO.- No lo olvides. Vengo a inflamar de nuevo tu ardor casi apagado. ¿Pero, ves? Mira cómo has llenado de asombro a tu madre. Ponte entre ella y su alma agitada y hallarás que la imaginación obra con mayor violencia en los cuerpos más débiles. Háblala, Hamlet.

HAMLET.- ¿En qué pensáis, señora?

GERTRUDIS.- ¡Ay! ¡Triste! ¿Y en qué piensas tú que así diriges la vista al vacío, razonando con el aire incorpóreo? Toda tu alma se ha pasado a tus ojos, que se mueven horribles, y tus cabellos que pendían, adquiriendo vida y movimiento, se erizan y levantan como los soldados, a quienes improviso toque de alarma despierta. ¡Hijo de mi alma! ¡Oh! Derrama sobre el ardiente fuego de tu agitación y la paciencia fría. ¿A quién estás mirando?

HAMLET.- A él, a él... ¿Le veis, que pálido es su destello? Su aspecto y su dolor bastarían para conmover las piedras... *(Al Espectro.)* ¡Ay! No me mires así, no sea que ese lastimoso semblante destruya mis designios crueles, no sea que al ejecutarlos equivoque los medios y en vez de sangre se derramen lágrimas.

GERTRUDIS.- ¿A quién dices eso?

HAMLET.- ¿No veis nada allí?

GERTRUDIS.- Nada veo, aunque mire en derredor.

HAMLET.- ¿Ni oísteis nada tampoco?

GERTRUDIS.- Nada más que lo que nosotros hablamos.

HAMLET.- Mirad allí... ¿Le veis?... Ahora se va... Mi padre..., con el traje mismo que se vestía. ¿Veis por dónde va?... ¡Ahora traspasa la puerta!

(Se va el Espectro.)

GERTRUDIS.- Todo es efecto de tu cerebro. La locura que padece tu espíritu produce confusiones vanas.

HAMLET.- ¿Locura? Mi pulso, como el vuestro, late con compás regular y anuncia igual salud en sus intervalos... Nada de lo que he dicho es locura. Haced la prueba y veréis si os repito cuantas ideas y palabras acabo de proferir, y un loco no puede hacerlo. ¡Ah! ¡Madre mía! En merced os pido que no apliquéis al alma ese ungüento halagüeño, creyendo que es mi locura la que habla, y no vuestra culpa. Con tal medicina lograréis sólo irritar la parte ulcerada, aumentando la podredumbre pestífera, que interiormente la corrompe... Confesad al Cielo vuestra culpa, llorad lo pasado, precaved lo futuro; y no extendáis el beneficio sobre la cizaña, para que prosperen lozanas. Perdonad este desahogo a mi virtud, ya que en esta indolente edad, la virtud misma tiene que pedir perdón al vicio; y aun para hacer el bien, le halaga y le corteja.

GERTRUDIS.- ¡Ay! Hamlet, me has partido en dos el corazón.

HAMLET.- ¿Sí? Pues apartad de vos aquella porción más corrupta, y vivid con la que resta, más pura. Buenas noches... Pero, no volváis al lecho de mi tío. Si carecéis de virtud, aparentadla al menos. La costumbre, aquel monstruo que destruye las inclinaciones y afectos del alma, si en lo demás es un demonio; tal vez es un ángel cuando sabe dar a las buenas acciones una cierta facilidad con que insensiblemente las hace parecer innatas. Conteneos por esta noche: este esfuerzo os hará más fácil la abstinencia próxima, y la que siga después la hallaréis más fácil todavía. La costumbre es capaz de borrar la impresión misma de la naturaleza, reprimir las malas inclinaciones y alejarlas de nosotros con maravillosa fuerza. Buenas noches, y cuando aspiréis de veras la bendición del Cielo, entonces yo os pediré vuestra bendición... *(Señalando a Polonio.)* La desgracia de este hombre me aflige en extremo; pero Dios lo ha querido así, a él le ha castigado por mi mano y a mí también, precisándome a ser el instrumento de su enojo. Yo le conduciré a donde convenga y sabré justificar la muerte que le di. Basta. Otra vez, buenas noches. Porque soy piadoso debo ser cruel, ve aquí el primer daño cometido; pero aún es mayor el que después ha de ejecutarse... ¡Ah! Parad atención a otra cosa.

GERTRUDIS.- ¿Cuál es? ¿Qué debo hacer?

HAMLET.- No hacer nada de cuanto os he dicho, nada. Dejad que el Rey, hinchado con el vino, os conduzca otra vez al lecho y allí os acaricie, apretando lascivo vuestras mejillas, os llame ratoncito y os tiente el pecho con sus sucias manos y os bese con asquerosa boca. Agradecida entonces, declaradle cuanto hay en el caso, decidle que mi locura no es verdadera, que todo ha sido astucia. Sí, decídselo, porque ¿cómo es posible que una Reina hermosa, modesta, prudente, oculte secretos de tal importancia a aquel gato viejo, murciélago, sapo torpísimo? ¿Cómo sería posible callárselo? Id, y a pesar de la sensatez y del sigilo, abrid la jaula sobre el techo de la casa y haced que los pájaros se escapen, y semejante al mono (tan amigo de hacer experiencias) meted la cabeza en la trampa, con el peligro de perecer en ella misma.

GERTRUDIS.- No, no lo temas, que si las palabras se forman del aliento, y este anuncia vida, no hay vida ni aliento en mí, para repetir lo que me has dicho.

HAMLET.- ¿Sabéis que debo ir a Inglaterra?

GERTRUDIS.- ¡Ah! Ya lo había olvidado. Sí, es cosa decidida.

HAMLET.- He sabido que hay ciertas cartas selladas, y que mis dos condiscípulos (de quienes yo me fiaré, como de una víbora ponzoñosa) van encargados de llevar el mensaje, facilitarme la marcha y conducirme hacia mi perdición. Pero, yo los dejaré hacer: que es mucho gusto ver volar al zapador con su propio petardo, y mal irán las cosas; o yo excavaré una vara no más debajo de las minas, y les haré saltar hasta la luna. ¡Oh! ¡Es mucho gusto, cuando un pícaro tropieza con quien se las entiende!... Este hombre me hace ahora su ganapán..., le llevaré arrastrando a la pieza inmediata. Madre, buenas noches... Por cierto que el señor Consejero (que fue en vida un hablador impertinente) es ahora bien reposado, bien serio y taciturno. Vamos, amigo, que es preciso sacaros de aquí y acabar con ello. Buenas noches, madre. *(Se va Hamlet llevándose a rastras a Polonio.)*

Acto IV

Escena I

Salón de Palacio.

Entra el Rey

CLAUDIO.- Esos suspiros, esos profundos sollozos, alguna causa tienen, requieren una explicación. Debemos saberlo… ¿En dónde está tu hijo?

GERTRUDIS.- ¡Ah! ¡Señor lo que he visto esta noche!

CLAUDIO.- ¿Qué ha sido, Gertrudis? ¿Qué hace Hamlet?

GERTRUDIS.- Furioso está, como el mar y el viento cuando disputan entre sí cuál es más fuerte. En su desenfreno, oyó algún ruido detrás del tapiz; saca la espada, grita: ¡un ratón, un ratón! y en su arrebatado delirio mató al buen anciano que se hallaba oculto.

CLAUDIO.- ¡Horrible acción! Lo mismo hubiera hecho con nosotros si hubiéramos estado allí. Ese desenfreno insolente amenaza a todos: a mí, a ti misma, a todos en fin. ¡Oh! ¿Y cómo responderemos una acción tan sangrienta? Nos la imputarán sin duda a nosotros, porque nuestra autoridad debería haber refrenado a ese joven loco, poniéndole en paraje donde a nadie pudiera ofender. Pero el excesivo amor que le tenemos nos ha impedido hacer lo más apropiado; bien así como el que padece una enfermedad vergonzosa, que por no declararla, consiente primero que le devore la médula vital. ¿Y a dónde ha ido?

GERTRUDIS.- A llevarse de aquí el difunto cuerpo, y en medio de su locura, llora el error que ha cometido. Así el oro manifiesta su pureza; aunque mezclado, tal vez, con metales viles.

CLAUDIO.- Vamos, Gertrudis, y apenas toque el sol la cima de los montes haré que se embarque y se vaya, entretanto será necesario emplear toda nuestra autoridad y nuestra prudencia, para ocultar o disculpar, un hecho tan vergonzoso.

Entran Rosencrantz y Guildenstern.

¡Oh, Rosencrantz, Guildenstern! ¡Amigos! Id entrambos con alguna gente que os ayude. Hamlet, ciego de frenesí, ha muerto a Polonio y le ha sacado arrastrando del cuarto de su madre. Id a buscarle, habladle con dulzura y haced llevar el cadáver a la capilla. Os lo ruego daos prisa. *(Salen Rosencrantz y Guildenstern.)* Vamos Gertrudis, que pienso llamar a nuestros más prudentes amigos, para darles cuenta de esta imprevista desgracia y de lo que resuelvo hacer. Acaso por este medio la calumnia (cuyo rumor ocupa la extensión del orbe y dirige sus emponzoñados tiros con la certeza que el cañón a su blanco) errando esta vez el golpe, dejará nuestro nombre ileso y herirá sólo al viento insensible. ¡Oh! Vamos de aquí... mi alma está llena de agitación y de terror. *(Se van.)*

ESCENA II

Otro salón del castillo

Entra Hamlet.

HAMLET.- Colocado ya en lugar seguro. Pero...

ROSENCRANTZ.- Hamlet, señor.

HAMLET.- ¿Qué ruido es este? ¿Quién llama a Hamlet? ¡Oh! Ya están aquí.

ROSENCRANTZ.- Alteza, ¿qué habéis hecho del cadáver?

HAMLET.- Ya está entre el polvo, del cual es pariente cercano.

ROSENCRANTZ.- Decidnos en donde está, para que le hagamos llevar a la capilla.

HAMLET.- ¡Ah! No creáis, no.

ROSENCRANTZ.- ¿Qué es lo que no debemos creer?

HAMLET.- Que yo pueda guardar vuestro secreto, y os revele el mío... Y, además, ¿qué ha de responder el hijo de un Rey a las instancias de una esponja?

ROSENCRANTZ.- ¿Esponja me llamáis?

HAMLET.- Sí, caballero, esponja: que chupa del favor del Rey las riquezas y la autoridad. Pero estas gentes, a lo último de su carrera, es cuando sirven mejor al Rey, porque este, semejante al mono, se los mete en un rincón de la boca; allí los conserva, y el primero que entró, es el último que se traga. Cuando el Rey necesite lo que tú (que eres su esponja) le hayas chupado, te coge, te exprime, y quedas enjuto otra vez.

ROSENCRANTZ.- No comprendo lo que decís.

HAMLET.- Me place en extremo. Las razones agudas no se hicieron para los oídos de alcornoque.

ROSENCRANTZ.- Señor, lo que importa es que nos digáis dónde está el cuerpo, y os vengáis con nosotros a ver al Rey.

HAMLET.- El cuerpo está con el Rey; pero el Rey no está con el cuerpo. El Rey viene a ser una cosa como...

GUILDENSTERN.- ¿Qué cosa, señor?

HAMLET.- Una cosa, que no vale nada..., Escóndase la zorra y todos a buscarla*... Vamos a verle. *(Se va y los demás tras él.)*

ESCENA III

Otro salón del castillo

Entra el Rey seguido de tres o cuatro consejeros.

CLAUDIO.- Le he enviado a llamar y he mandado buscar el cadáver. ¡Qué peligroso es dejar en libertad a este hombre! Pero no es posible tampoco ejercer sobre él la severidad de las leyes. Es muy querido por la fanática multitud, cuyos afectos se determinan por los ojos, no por la razón, y que en tales casos considera el castigo del delincuente, y no el delito. Conviene, para mantener la tranquilidad, que esta repentina ausencia de Hamlet aparezca como cosa muy de antemano meditada y resuelta. Las enfermedades desesperadas se alivian con desesperados remedios o con nada en absoluto.

Entra Rosencrantz.

CLAUDIO.- ¿Qué hay? ¿Qué ha sucedido?

ROSENCRANTZ.- No hemos podido lograr que nos diga adónde ha llevado el cadáver.

CLAUDIO.- Pero, él, ¿en dónde está?

ROSENCRANTZ.- Afuera quedó bajo custodia, esperando vuestras órdenes.

CLAUDIO.- Traedle a mi presencia.

---

* Frase de un juego infantil de "escondite"

ROSENCRANTZ.- ¡Guildenstern! que entre el Príncipe.
Entran Hamlet y Guildenstern.

CLAUDIO.- Y bien y Hamlet, ¿en dónde está Polonio?

HAMLET.- Ha ido a cenar.

CLAUDIO.- ¿A cenar? ¿Adónde?

HAMLET.- No donde come, sino, donde es comido, entre una numerosa reunión política de gusanos. El gusano es el Monarca supremo de todos los comedores. Nosotros engordamos a los demás animales para engordarnos, y engordamos para el gusanillo, que nos come después. El Rey gordo y el mendigo flaco son dos platos diferentes; pero se sirven para una misma mesa. En esto viene a parar todo.

CLAUDIO.- ¡Dios mío!

HAMLET.- Tal vez cualquiera puede pescar con el gusano que ha comido a un Rey, y comerse después el pez que se alimentó de aquel gusano.

CLAUDIO.- ¿Y qué quieres decir con eso?

HAMLET.- Nada más que demostrar, cómo un Rey puede pasar progresivamente a las tripas de un mendigo.

CLAUDIO.- ¿En dónde está Polonio?

HAMLET.- En el cielo. Enviad a alguno que lo vea, y si vuestro comisionado no le encuentra allí, entonces podéis vos mismo irle a buscar a otra parte. Bien que, si no le halláis en todo este mes, le oleréis sin duda al subir los escalones de la galería.

CLAUDIO.- *(A dos de sus consejeros.)* Id allá a buscarle.

HAMLET.- No, él no se moverá de allí hasta que lleguéis. *(Salen los consejeros.)*

CLAUDIO.- Este suceso, Hamlet, nos fuerza a proteger tu vida, la cual me interesa tanto, como lo demuestra el sentimiento que me causa la acción que has hecho.

Conviene que salgas de aquí con acelerada diligencia. Prepárate, pues. La nave espera, el viento es favorable, los compañeros aguardan, y todo está pronto para tu viaje a Inglaterra.

HAMLET.- ¿A Inglaterra?

CLAUDIO.- Sí, Hamlet.

HAMLET.- Muy bien.

CLAUDIO.- Sí, muy bien debe parecerte, si has comprendido el fin a que se encaminan mis intenciones.

CLAUDIO.- Yo veo un ángel que las ve... Pero vamos a Inglaterra. ¡Adiós, mi querida madre!

CLAUDIO.- ¿Y tu madre que te ama, Hamlet?

HAMLET.- Mi madre... Padre y madre son marido y mujer; marido y mujer son una carne misma, conque... sois mi madre... ¡Eh, vamos a Inglaterra! *(Se va.)*

CLAUDIO.- Seguidle de cerca, instad con viveza su embarco, no se dilate un punto. Quiero verle fuera de aquí esta noche. Partid. Cuanto es necesario a esta comisión está sellado y pronto. Id, no os detengáis. *(Salen Rosencrantz y Guildenstern.)* Y tú, Inglaterra, si en algo estimas mi amistad (de cuya importancia mi gran poder te avisa), pues aún miras sangrientas las heridas que recibiste del acero danés y si quieres rendirnos homenaje; no dilates la ejecución de mi suprema voluntad, que por cartas escritas a este fin, te pide con la mayor instancia, la pronta muerte de Hamlet. Su vida es para mí una fiebre ardiente, y tú sola puedes aliviarme. Hazlo así, Inglaterra, y hasta que sepa que descargaste el golpe por más feliz que mi suerte sea, no se restablecerán en mi corazón la tranquilidad, ni la alegría. *(Se va.)*

ESCENA IV

Campo solitario cerca de un puerto de Dinamarca.

Entra Fortimbrás con algunos soldados.

FORTIMBRÁS.- Id, Capitán, saludad en mi nombre al Monarca danés: decidle que en virtud de su licencia, Fortimbrás pide el paso libre por su reino, según se le ha prometido. Ya sabéis el sitio de nuestra reunión. Si algo quiere su Majestad comunicarme, hacedle saber que estoy pronto a ir en persona a darle pruebas de mi pleitesía.

CAPITÁN.- Así lo haré, señor.

FORTIMBRÁS.- Y vosotros, seguid avanzando despacio. *(Se van Fortimbrás y los soldados.)*

Entran Hamlet, Rosencrantz, Guildenstern y otros.

HAMLET.- Caballero, ¿de dónde son estas tropas?

CAPITÁN.- De Noruega, señor.

HAMLET.- Y decidme, ¿contra quién van?

CAPITÁN.- Contra una parte de Polonia.

HAMLET.- ¿Quién las dirige?

CAPITÁN.- Fortimbrás, sobrino del anciano Rey de Noruega.

HAMLET.- ¿Se dirigen contra toda Polonia, o solo a alguna parte de sus fronteras?

CAPITÁN.- Para deciros sin tapujos la verdad, vamos a adquirir una parcela de tierra, de la cual (exceptuando el honor) ninguna otra utilidad nos espera. Si me la diesen arrendada en cinco ducados, no la cogería, ni creo que produzca mayor interés al de Noruega ni al Polaco; aunque en pública subasta la vendan.

HAMLET.- Sin duda, ¿el Polaco no tratará de defenderla?

CAPITÁN.- Al contrario ha puesto ya en ella tropas que la defiendan.

HAMLET.- De ese modo el sacrificio de dos mil hombres y veinte mil ducados no decidirá la posesión de un objeto tan frívolo. Esa es una apostema del cuerpo político, nacida de la paz y excesiva abundancia, que revienta en lo interior; sin que exteriormente se vea la razón porque el hombre muere. Os doy muchas gracias de vuestra amabilidad.

CAPITÁN.- Dios os guarde.

ROSENCRANTZ.- ¿Queréis proseguir el camino?

HAMLET.- Rápido os alcanzaré. Id adelante un poco. *(Se van todos menos Hamlet.)* Cuantos accidentes ocurren, todos me acusan, excitando a la venganza mi adormecido aliento. ¿Qué es el hombre que funda su mayor felicidad, y emplea todo su tiempo solo en dormir y comer? Es una bestia nada más. Cierto que aquel que nos formó dotados de tan extenso conocimiento que con él podemos ver lo pasado y futuro, no nos dio esta facultad, esta razón divina, para que se enmoheciera sin uso y torpe. Sea, pues, por olvido propio de bestia, sea tímido escrúpulo que no se atreve a penetrar los casos venideros (proceder en que hay más parte de cobardía que de prudencia), yo no sé para qué existo, diciendo siempre: tal cosa debo hacer; puesto que hay en mí suficiente razón, voluntad, fuerza y medios para llevarla a cabo. Por todas partes encuentro ejemplos grandes que me estimulan. Prueba es bastante ese fuerte y numeroso ejército, conducido por un Príncipe joven y delicado, cuyo espíritu impelido de ambición generosa desprecia la incertidumbre de los sucesos, y expone su existencia frágil y mortal a los golpes de la fortuna, a la muerte, a los peligros más terribles, y todo por una cáscara de huevo. El ser grande no consiste, por cierto, en obrar sólo cuando ocurre un gran motivo; sino en saber hallar una razón plausible para luchar, aunque sea pequeña la causa; cuando se trata de defender el honor. ¿Cómo, pues, permanezco yo en ocio indigno, muerto mi padre alevosamente, mi madre envilecida... estímulos capaces de excitar mi razón y mi ardimiento, que yacen dormidos? Mientras para vergüenza mía veo la destrucción inmediata de veinte mil hombres, que por un capricho, por una estéril gloria van al sepulcro como a sus lechos, combatiendo por una causa que la multitud es incapaz de comprender, por un terreno que aún no es suficiente sepultura a tantos cadáveres. ¡Oh! ¡De hoy en adelante, que mis pensamientos sean sanguinarios o no valgan nada!

ESCENA V

Una sala en el castillo

Entran Gertrudis y Horacio.

GERTRUDIS.- No, no quiero hablar con ella.

HORACIO.- Ella insiste en veros. Está loca, es verdad; pero eso mismo debe excitar vuestra lástima.

GERTRUDIS.- ¿Y qué pretende? ¿Qué dice?

HORACIO.- Habla mucho de su padre; dice que continuamente oye que el mundo está lleno de maldad; solloza, se lastima el pecho, y airada trastorna con el pie cuanto al pasar encuentra. Profiere razones ambiguas en que apenas se encuentra significado; pero la misma extravagancia de ellas mueve a los que las oyen a retenerlas, examinando el fin conque las dice, y dando a sus palabras una conjetura arbitraria, según la idea de cada uno. Al observar sus miradas, sus movimientos de cabeza, su gesticulación expresiva, llegan a creer que puede haber en ella algún asomo de razón; pero nada hay de cierto, sino que se halla en el estado más infeliz.

GERTRUDIS.- Será bueno hablarla: antes que esparza peligrosas conjeturas, en aquellos ánimos que todo lo interpretan con mala intención. El más frívolo acaso parece a mi dañada conciencia presagio de alguna grave desgracia. Propia es de la culpa esta desconfianza. Tan preñado está siempre de recelos el culpable, que el temor de ser descubierto, hace quizás que él mismo se descubra.* Hacedla entrar. *(Sale Horacio.)*

Entra Ofelia enloquecida.

OFELIA.- ¿En dónde está la hermosa Reina de Dinamarca?

GERTRUDIS.- ¿Qué tenéis, Ofelia?

OFELIA.- *(Cantando.) ¿Cómo podré distinguir*
a mi amante verdadero?
Traerá bordón y sandalias
Y conchas en el sombrero…

GERTRUDIS.- ¡Oh! ¡Querida mía! Y, ¿a qué propósito viene esa canción?

OFELIA.- ¿Eso decís?…. Atended a esta. *(Cantando.)*
Se ha ido, Señora
ha muerto
y ya nunca ha de volver;
descansa en el verde césped
con una losa en los pies.

GERTRUDIS.- Sí, pero ¡Ofelia!

OFELIA.- Oíd, oíd, os lo suplico. *(Cantando.)*
Blanco paño era el sudario
como los montes nevados

---

* En algunas versiones, las dos primeras frases se atribuyen a Horacio.

Entra el Rey.

GERTRUDIS.- ¡Desgraciada! ¿Veis esto, señor?

OFELIA.- *Sobre su tumba lloraban*
arrojando hermosas flores
quienes de veras lo amaban.

CLAUDIO.- ¿Cómo estás, graciosa niña?

OFELIA.- Bien, Dios os lo pague... Dicen que la lechuza fue antes una doncella, hija de un panadero. ¡Ah! Sabemos lo que somos ahora; pero no lo que podemos ser. Dios vendrá a visitaros.

CLAUDIO.- Desvaría por lo de su padre.

OFELIA.- Pero no, no hablemos más en esto, y si os preguntan lo que significa decid:
Mañana es San Valentín,
cuando rompa a alborada
me asomaré a tu balcón
para ser tu enamorada.
Él se levantó y vistió
y abrió la puerta a la bella;
la doncella entró en su cuarto
y salió sin ser doncella.

CLAUDIO.- ¡Graciosa Ofelia!

OFELIA.- Sí, voy a acabar; sin juramentos, os prometo que la voy a concluir. *(Cantando.)*
¡Jesús y la Santa Cruz
aquello fue villanía!
Los hombres pueden hacerlo,
¡por Cristo, malditos sean!
Dijo ella: antes de tumbarme
ser tu esposa me ofrecieras.
Y él respondió: lo verías
si a mi cama no vinieras.

CLAUDIO.- ¿Cuánto tiempo lleva así?

OFELIA.- Yo espero que todo irá bien... Debemos tener paciencia... Pero, yo no puedo menos de llorar considerando que le han dejado sobre la tierra fría... Mi hermano lo sabrá... Preciso... Y yo os doy las gracias por vuestros buenos consejos... Vamos: la carroza. Buenas noches, señoras, buenas noches, amables señoras, buenas noches, buenas noches. *(Se va.)*

CLAUDIO.- Acompáñala a su cuarto, y vigiladla atentamente. Yo te lo ruego. *(Se va Horacio.)* ¡Oh! Todo es veneno de un profundo dolor, todo nace de la muerte de su padre, y ahora observo, Gertrudis, que cuando los males vienen, no vienen aislados; sino reunidos en tropel. Su padre muerto, tu hijo ausente (habiendo dado él mismo, justo motivo a su destierro), el pueblo alterado en tumulto con dañadas ideas y murmuraciones, sobre la muerte del buen Polonio; cuyo entierro oculto ha sido no leve imprudencia de nuestra parte. La pobre Ofelia fuera de sí, enajenada su razón, sin la cual somos vanos simulacros o comparables sólo a las bestias; y por último (y esto no es menos esencial que todo lo restante) su hermano, que ha venido secretamente de Francia, y en medio de tan extraños casos, se oculta entre sombras misteriosas, sin que falten lenguas maldicientes que envenenen sus oídos, hablándole de la muerte de su padre. Ni en tales discursos, a falta de noticias seguras, nada impedirá ser citados continuamente de boca en boca. Todos estos afanes juntos, mi querida Gertrudis, como una metralla que se dispara y me dan muchas muertes a un tiempo.

GERTRUDIS.- ¡Ay! ¡Dios! ¿Qué estruendo es este?

Entra un Mensajero.

CLAUDIO.- ¿En dónde está mi guardia?... Acudid, defended las puertas... ¿Qué sucede?

MENSAJERO.- Huid, señor. El océano, sobrepujando sus términos, no traga las llanuras con ímpetu más espantoso que el que manifiesta el joven Laertes, ciego de furor; venciendo la resistencia que le oponen vuestros soldados. El populacho le apellida Señor, y como si ahora comenzase a existir el mundo; la antigüedad y la costumbre (apoyo y seguridad de todo buen gobierno) se olvidan y se desconocen. Gritan por todas partes: «¡Queremos a Laertes como Rey!» Los sombreros arrojados al aire, las manos y las lenguas le aplauden, llegando a las nubes la voz general que repite: «Laertes será nuestro Rey, viva Laertes»

GERTRUDIS.- ¡Con qué alegría sigue, ladrando, esa pérfida jauría sobre la pista falsa en que va a perderse!

CLAUDIO.- Ya han roto las puertas.

Entran Laertes seguido por gentes del pueblo.

LAERTES.- ¿En dónde está el Rey? Vosotros, quedaos todos afuera.

VOCES.- No, entremos.

LAERTES.- Yo os pido que me dejéis.

VOCES.- Bien, bien está.

LAERTES.- Gracia, señores. Guardad las puertas... y tú, indigno Príncipe, dame a mi padre.

GERTRUDIS.- ¡Calma, calma, querido Laertes!

LAERTES.- Si hubiese en mí una gota de sangre con menos calma, me declararía por hijo bastardo, infamaría de cornudo a mi padre e imprimiría sobre la frente limpia y casta de mi madre honestísima, la nota infame de prostituta.

CLAUDIO.- Pero, Laertes, ¿cuál es la causa de tan atrevida rebelión? Déjale, Gertrudis, no le contengas... No temas nada contra mí. Existe una fuerza divina que defiende a los Reyes: la traición no puede, como quisiera, penetrar hasta ellos, y ve malogrados en la ejecución todos sus designios... Dime, Laertes, ¿por qué estás tan irritado? Déjale Gertrudis... Habla, hombre.

LAERTES.- ¿En dónde está mi padre?

CLAUDIO.- Murió.

GERTRUDIS.- Pero no le ha muerto el Rey.

CLAUDIO.- Déjale preguntar cuanto quiera.

LAERTES.- ¿Y cómo ha sido su muerte?.. ¡Eh!... No, a mí no se me engaña. Al diablo la fidelidad, llévese el más negro demonio los juramentos de vasallaje, sepúltense la conciencia, la esperanza de salvación, en el abismo más profundo... La condenación eterna no me horroriza, ocurra lo que ocurra, ni este ni el otro mundo me tienen sin cuidado... Sólo aspiro, y este es el punto que repito, sólo aspiro a dar cumplida venganza a mi difunto padre.

CLAUDIO.- ¿Y quién te lo va a impedir?

LAERTES.- Mi voluntad sola y no el mundo eterno, y en cuanto a los medios de que he de valerme, yo sabré economizarlos de suerte que un pequeño esfuerzo produzca efectos grandes.

CLAUDIO.- Buen Laertes, si deseas saber la verdad acerca de la muerte de tu amado padre ¿está escrito acaso en tu venganza, que hayas de atropellar en confusión a amigos y enemigos, culpables e inocentes?

LAERTES.- No, sólo a mis enemigos.

CLAUDIO.- ¿Querrás, sin duda, conocerlos?

LAERTES.- ¡Oh! A mis buenos amigos yo los recibiré con los brazos abiertos, y semejante al pelícano amoroso, los alimentaré si necesario fuese con mi sangre misma.

CLAUDIO.- Ahora hablaste como un hijo ejemplar, y como un buen caballero. Laertes, ni tengo culpa en la muerte de tu padre, ni alguno ha sentido como yo su desgracia. Esta verdad deberá ser tan clara a tu razón, como a tus ojos la luz del día.

VOCES.- Dejadla entrar.

LAERTES.- ¿Qué ocurre ahora... qué ruido es este?
Entra Ofelia.

LAERTES.- ¡Oh! ¡Fiebre, abrasa mi cerebro! ¡Lágrimas, siete veces amargas, consumid la potencia y la sensibilidad de mis ojos! Por los Cielos te juro que esa demencia tuya será pagada por mí con creces, que el peso del castigo tuerza el fiel y baje la balanza... ¡Oh! ¡Rosa de Mayo! ¡Amable niña! ¡Mi querida Ofelia! ¡Mi dulce hermana!... ¡Oh! ¡Cielos! Y ¿es posible que la razón de una doncella sea tan frágil como la vida del hombre viejo?... Pero la naturaleza se afina en el amor, y cuando este llega al exceso, el alma se desprende tal vez de alguna preciosa parte de sí misma, para ofrecérsela en don al objeto amado.

OFELIA.- *(Cantando.) Con la cara descubierta*
le llevaron a enterrar
tralará, lará, lará,
y llovieron muchas lágrimas
donde su sepulcro está.
¡Adiós, Paloma mía. Adiós!

LAERTES.- Si gozando de tu razón me incitaras a la venganza, no pudieras conmoverme tanto.

OFELIA.- Debéis cantar aquello de:
«Abajito está, llámele, señor, que abajito está»
¡Ay! Que bien le viene el estribillo... El pícaro del Mayordomo fue el que robó a la hija de su amo.

LAERTES.- Esas palabras vanas producen mayor efecto en mí que el más concertado discurso.

OFELIA.- Aquí traigo romero, que es bueno para la memoria. Tomad, amigo, para que os acordéis... Y aquí hay pensamientos, que son para pensar.

LAERTES.- Aun en medio de su locura quiere recordar a los pensamientos que la agitan, y a sus tristes recuerdos.

OFELIA.- Aquí tenéis hinojo para vos, y palomillas y ruda... para vos también, y esto poquito es para mí. Nosotros podemos llamarla hierba santa del Domingo,... vos la usaréis con la distinción que os parezca... Esta es una margarita. Bien os quisiera dar algunas violetas; pero todas se marchitaron cuando murió mi padre. Dicen que tuvo un buen fin. *(Cantando.)*

> *Para Robín, mi dulce amor,*
> *sea mi alegría y mi favor...*

LAERTES.- Ideas funestas, aflicción, pasiones terribles, los horrores del mismo infierno; ¡todo en su boca es gracioso y dulce!

OFELIA.- *(Cantando.) ¿Y no volverá?*

> *¿Y no volverá?*
> *No, que muerto está:*
> *Vete a tu lecho mortal,*
> *Que él no volverá.*
> *Su barba era blanca nieve,*
> *su cabello como el lino;*
> *se ha marchado, se fue ya:*
> *gimamos, que se lo lleve,*
> *a su seno el juez divino.*

A él y a todas las almas cristianas. Dios lo quiera... ¡Eh!, señores, adiós. *(Se va.)*

LAERTES.- Veis esto, ¡Dios mío!

CLAUDIO.- Yo debo tomar parte en tu aflicción, Laertes: no me niegues este derecho... Óyeme aparte. Elige entre los más juiciosos de tus amigos, aquellos que te parezca.

Oigamos a entrambos y juzguen. Si por mí propio o por mano ajena, resulto culpado: mi reino, mi corona, mi vida, cuanto puedo llamar mío, todo te lo daré para satisfacerte. Si no hay culpa en mí, deberé contar otra vez con tu obediencia, y unidos ambos, buscaremos los medios de aliviar tu dolor.

LAERTES.- Así sea... Su extraña muerte, su oscuro entierro, sin trofeos, armas, ni escudos sobre el cadáver, ni debidos honores, ni ostentación ceremoniosa; todo, todo está clamando del cielo a la tierra por un examen, el más minucioso.

CLAUDIO.- Tú le obtendrás, y el hacha terrible de la justicia caerá sobre el que fuere delincuente. Ven conmigo.

ESCENA VI

Otra sala en el castillo

Entran Horacio y un Criado.

HORACIO.- ¿Quiénes son los que me quieren hablar?

CRIADO.- Unos marineros, que según dicen os traen cartas.

HORACIO.- Hazlos entrar. *(Sale el Criado.)* Yo no sé de qué parte del mundo pueda nadie escribirme, si ya no es Hamlet mi señor.

Entran dos Marineros.

MARINERO 1º.- Dios os guarde.

HORACIO.- Y a vosotros también.

MARINERO 1º.- Así lo hará si es su voluntad. Estas cartas del Embajador que se embarcó para Inglaterra vienen dirigidas a vos, si os llamáis Horacio, como nos han dicho.

HORACIO.- *(Leyendo.)* «*Horacio: después que hayas leído esta, dirigirás esos hombres al Rey para el cual les he dado una carta. Apenas llevábamos dos días de navegación, cuando empezó a darnos caza un pirata muy bien armado. Viendo que nuestro navío era poco velero, nos vimos precisados a apelar al valor. Llegamos al abordaje: yo salté el primero en la embarcación enemiga, que al mismo tiempo logró desasirse de la nuestra, y por consiguiente me quedé solo y prisionero. Ellos se han portado conmigo como ladrones clementes; pero ya sabían lo que se hacían, y se lo he pagado muy bien. Haz que el Rey reciba las cartas que le envío, y tú ven a verme con tanta diligencia, como si huyeras de la muerte. Tengo unas cuantas palabras que decirte al oído que te dejarán mudo; bien que todas ellas no serán suficientes a expresar la importancia del asunto. Esos buenos hombres te conducirán hasta aquí. Guildenstern y Rosencrantz siguieron su camino a Inglaterra. Mucho tengo que decirte de ellos. Adiós. Tuyo siempre, Hamlet*»
Vamos. Yo os introduciré para que presentéis esas cartas. Conviene hacerlo deprisa, a fin de que me podáis conducir después a donde queda el que os las entregó. *(Se van.)*

ESCENA VII

Otra sala en el castillo.

Entran el Rey y Laertes.

CLAUDIO.- Sin duda tu juicio aprobará ya mi perdón y me darás lugar en el corazón como a tu amigo; después que has oído, con pruebas fehacientes, que el asesino de tu noble padre, conspiraba contra mi vida.

LAERTES.- Claramente se manifiesta... Pero, decidme ¿por qué no procedéis contra excesos tan graves y culpables? Cuando vuestra prudencia, vuestra grandeza, vuestra propia seguridad, todas las consideraciones juntas deberían excitaros tan poderosamente a reprimirlos.

CLAUDIO.- Por dos razones, que aunque tal vez las juzgarás débiles; para mí han sido muy poderosas. Una es, que la Reina su madre vive pendiente casi de sus miradas, y al mismo tiempo (sea desgracia o felicidad mía) tan estrechamente unió el amor mi vida y mi alma a la de mi esposa, que así como los astros no se mueven sino dentro de su propia esfera, así en mí no hay movimiento alguno que no dependa de su voluntad. La otra razón por la que no puedo proceder contra el agresor públicamente es el gran cariño que le tiene el pueblo, el cual, como la fuente cuyas aguas mudan los troncos en piedras, bañando en su afecto las faltas del Príncipe, convierte en gracias todos sus yerros. Mis flechas demasiado débiles no pueden dispararse, pues no resistirían a huracán tan fuerte; y sin tocar el punto a que las dirija, se volverán otra vez al arco.

LAERTES.- ¡Y por ello he perdido a un noble padre! Y mi hermana, que fue el más claro ejemplo de humana perfección arrastra su demencia. ¡He de vengarme!

CLAUDIO.- No se turbe tu sueño, ni sospeches que estamos forjados de materia blanda y torpe que tolere que nos mesen las barbas por pasatiempo a causa del peligro que corremos. Pronto sabrás más cosas. Yo quería a tu padre, pero también me quiero a mí mismo y eso espero que te dé a entender...

Entra un Mensajero.

Qué ocurre, ¿qué nuevas hay?

MENSAJERO.- Cartas Señor, de Hamlet. Esta para su Majestad. Esta para la Reina.

CLAUDIO.- ¿De Hamlet? ¿Quién las trajo?

MENSAJERO.- Marineros, según dicen, pero yo no les vi. A mí me las dio Cornelio, que las recibió de quien las trajo.

CLAUDIO.- Laertes vas a oír lo que dice. Déjanos solos. *(Sale el Mensajero.) (Leyendo.) «Alto y poderoso señor: habéis de saber que me han depositado desnudo en vuestro reino. Mañana imploraré vuestra venia para ser admitido a vuestra real presencia. Cuando lo haya hecho, salvo vuestra mejor opinión, tendré el honor de relataros mi súbito y más que extraño retorno. Hamlet»* ¿Qué significa esto? ¿Han vuelto todos los demás? ¿O es sólo una burla y no hay tal cosa?

LAERTES.- ¿Conocéis la letra?

CLAUDIO.- Sí, es la de Hamlet. "Desnudo", y hay una posdata: "solo". ¿Qué me aconsejas?

LAERTES.- No sé, estoy confuso, pero hacedle venir. Toda mi sangre enferma se enardece cuando pienso que he de vivir para poder decirle: ¡Tú lo hiciste!

CLAUDIO.- Sí, así es Laertes —¿cómo podría ser de otra manera?— ¿Te dejarías guiar por mí?

LAERTES.- Señor, sí. Salvo que pretendáis reconciliarnos.

CLAUDIO.- Sólo contigo mismo. Si es que ha vuelto, truncado el viaje y si decide no emprenderlo más, yo le llevaré a una empresa que madura ya en mi mente, sin otra alternativa que su caída; no habrá viento que aliente la censura por su muerte, ya que su propia madre lo creerá un accidente.

LAERTES.- Señor, me dejaré guiar y haced de modo que yo pueda ser el instrumento de nuestra venganza.

CLAUDIO.- Todo sucede bien... Desde que te fuiste se ha hablado mucho de ti delante de Hamlet, por una habilidad en que dicen que sobresales. Las demás que tienes no movieron tanto su envidia como esta sola; que en mi opinión ocupa el último lugar.

LAERTES.- ¿Y qué habilidad es, señor?

CLAUDIO.- No es más que una escarapela en el sombrero de la juventud; pero que es muy necesaria, puesto que así son propios de la juventud los adornos ligeros y alegres, como de la edad madura las ropas y pieles que se viste, por abrigo y decencia... Dos meses ha que estuvo aquí un caballero de Normandía... Yo conozco a los franceses muy bien, he militado contra ellos, y son por cierto buenos jinetes; pero el galán de quien hablo era un prodigio en esto. Parecía haber nacido sobre la silla, y hacía ejecutar al caballo tan admirables cabriolas, como si él y su valiente alazán animaran un cuerpo solo, y tanto excedió a mis ideas, que todas las formas y actitudes que yo pude imaginar, fueron pálidas a lo que él hizo.

LAERTES.- ¿Decís que era normando?

CLAUDIO.- Sí, normando.

LAERTES.- Ese es Lamound, sin duda.

CLAUDIO.- Él mismo.

LAERTES.- Le conozco bien y es la joya más preciosa de su país.

CLAUDIO.- Pues este refiriéndose de ti en público, te llenaba de elogios por tu inteligencia y ejercicio en la esgrima, y la pericia de tu espada en la defensa y el ataque; tanto que confesó alguna vez, que sería un espectáculo magnífico el verte lidiar con otro de igual mérito; si pudiera hallarse, puesto que según aseguraba él mismo, los más diestros de su nación carecían de agilidad para las estocadas y los quites cuando tú esgrimías con ellos. Este informe llenó de envidia a Hamlet, y en nada pensó desde entonces sino en solicitar con instancia tu pronto regreso, para esgrimir contigo. Fuera de esto...

LAERTES.- ¿Y qué hay además de eso, señor?

CLAUDIO.- Laertes, ¿amaste a tu padre? ¿O eres como el retrato de un cuadro, que tal vez aparenta tristeza en el rostro, cuando le falta un corazón?

LAERTES.- ¿Por qué lo preguntáis?

CLAUDIO.- No porque crea que no amabas a tu padre; sino porque sé que el amor está sujeto al tiempo, y que el tiempo extingue su fogosidad y sus ardores; según me lo demuestra la experiencia de los acontecimientos. Existe en medio de la llama del amor una mecha o pábilo que la destruye al fin, nada permanece en un mismo grado de bondad sin menguar, pues la salud misma degenerando en plétora perece por su propio exceso. Cuanto nos proponemos hacer debería ejecutarse en el instante mismo en que lo deseamos, porque la voluntad se deteriora fácilmente, se debilita y se entorpece, según las lenguas, las manos y los accidentes que se atraviesan; y entonces, aquel estéril deseo es semejante a un suspiro, que exhalando pródigo el aliento causa daño, en vez de dar alivio... Pero, pongamos el dedo en la llaga. Hamlet regresa. ¿Qué acción emprenderías tú para manifestar, más con las obras que con las palabras, que eres digno hijo de tu padre?

LAERTES.- ¿Qué haré? Le cortaré la cabeza en la misma iglesia.

CLAUDIO.- Cierto que no debería un homicida encontrar asilo en parte alguna, ni tener límites una justa venganza; pero, buen Laertes, haz lo que te diré. Quédate encerrado en tu cuarto; cuando llegue Hamlet sabrá que tú has venido; yo le haré acompañar por algunos que alabando tu destreza den un nuevo lustre a los elogios que hizo de ti el francés. Por último, llegaréis a veros; se harán apuestas en favor de uno y otro... Él, que es descuidado, generoso, incapaz de toda sospecha, no reconocerá los floretes; de suerte que te será muy fácil, con poca argucia que uses, elegir una espada sin botón, y en cualquiera de las jugadas tomar satisfacción de la muerte de tu padre.

LAERTES.- Así lo haré, y a ese fin quiero envenenar la espada con cierto ungüento que compré de un curandero, de cualidad tan letal, que mojando un cuchillo en él, adonde quiera que haga sangre introduce la muerte; sin que haya cataplasma eficaz que pueda evitarla, por más que se componga de cuantas simples hierbas medicinales crecen bajo el influjo de la luna. Yo bañaré la punta de mi espada en este veneno, para que apenas le roce ligeramente, muera.

CLAUDIO.- Pensemos más sobre esto... Examinemos, qué ocasión, qué medios serán más oportunos a nuestro engaño; porque, si tal vez se malogra, y equivocada la ejecución se descubren los fines, valiera más no haberlo intentado. Conviene, pues, que este proyecto vaya acompañado con otro segundo, capaz de asegurar el golpe, cuando por el primero no se consiga. Espera... Déjame ver si... Haremos una apuesta solemne sobre vuestra habilidad y... Sí, ya lo tengo. Cuando con la agitación os sintáis acalorados y sedientos (puesto que al fin deberá ser mayor la violencia del combate), él pedirá de beber, y yo le tendré preparada expresamente una copa, que al gustarla sólo, aunque haya podido librarse de tu espada ungida, veremos cumplido nuestro deseo. Pero... Calla. ¿Alguien viene?

Entra la Reina.

¿Qué ocurre de nuevo, dulce Reina?

GERTRUDIS.- Una desgracia va siempre pisando las ropas de otra; tan inmediatas caminan. Laertes tu hermana acaba de ahogarse.

LAERTES.- ¡Ahogada! ¿En dónde? ¡Cielos!

GERTRUDIS.- Donde encontraréis un sauce que crece a las orillas de un arroyo, repitiendo en las ondas cristalinas la imagen de sus ramas plateadas. Allí se encaminó, ridículamente coronada de ranúnculos, ortigas, margaritas y largas flores purpúreas, que entre los sencillos labradores se reconocen bajo una denominación grosera, y las modestas doncellas llaman, dedos de muerto. Al llegar, se quitó la guirnalda, y queriendo subir a suspenderla de los ramos colgantes; se troncha un pérfido vástago, y caen al torrente fatal, ella y todos sus adornos silvestres. Las ropas huecas y extendidas la llevaron un rato sobre las aguas, semejante a una sirena, y en tanto iba cantando pedazos de tonadas antiguas, como ignorante de su desgracia, o como criada y nacida en aquel elemento. Pero no era posible que así durase por mucho tiempo. Las vestiduras, pesadas ya con el agua que absorbían la arrebataron a la infeliz; interrumpiendo su canto dulcísimo, la muerte, llena de fatales presagios.

LAERTES.- ¿Qué en fin se ahogó? ¡Mísero!

GERTRUDIS.- Sí, se ahogó, se ahogó.

LAERTES.- ¡Pobre Ofelia! Demasiada agua tienes ya, por eso quisiera atajar la de mis ojos... Bien que a pesar de todos nuestros esfuerzos, imperiosa la naturaleza sigue su costumbre, por más que el valor se avergüence. Pero, después que este llanto se vierta, nada quedará en mí de afeminado ni de cobarde... Adiós señores... Mis palabras de fuego arderían en llamas, si no las apagasen estas lágrimas imprudentes. *(Se va.)*

CLAUDIO.- Sigámosle, Gertrudis, que después de haberme costado tanto enfriar su cólera, temo ahora que esta desgracia no la desencadene otra vez. Conviene seguirle. *(Se van.)*

Acto V

Escena I

Un cementerio contiguo a una iglesia.

Entran dos sepultureros.

SEPULTURERO 1º.- ¿Y es la que ha de sepultarse en tierra sagrada, la que deliberadamente ha conspirado contra su propia salvación?

SEPULTURERO 2º.- Te digo que sí, conque haz cuanto antes el hoyo. El juez ha reconocido ya el cadáver y ha dispuesto que se la entierre en sagrado.

SEPULTURERO 1º.- Yo no entiendo cómo va eso... Aun si se hubiera ahogado haciendo esfuerzos para librarse, anda con Dios.

SEPULTURERO 2º.- Así han juzgado que fue.

SEPULTURERO 1º.- No, no, eso fue *se offendendo*; ni puede haber sido de otra manera: porque... Ve aquí el meollo de la cuestión. Si yo me ahogo voluntariamente, esto implica por descontado una acción, y toda acción consta de tres partes, que son: hacer, obrar y ejecutar, de donde se infiere, amigo, que ella se ahogó voluntariamente.

SEPULTURERO 2º.- Bueno, pero escúchame esto buen cazador...

SEPULTURERO 1º.- No, deja, yo te diré. Mira, aquí está el agua. Bien. Aquí está un hombre. Muy bien... Pues señor, si este hombre va y se mete dentro del agua, se ahoga a sí mismo, porque, por fas o por nefas, es que él va... Pero, atiende a lo que digo. Si el agua viene hacia él y le sorprende y le ahoga, entonces no se ahoga él a sí propio... Compadre, el que no desea su muerte, no se acorta la vida.

SEPULTURERO 2º.- ¿Y qué hay leyes para eso?

SEPULTURERO 1º.- ¡Vaya si las hay! Y por ellas se guía el juez que examina estos casos.

SEPULTURERO 2º.- ¿Quieres que te diga la verdad? Pues mira, si la muerta no fuese una damita, yo te aseguro que no la enterrarían en sagrado.

SEPULTURERO 1º.- ¡Tú lo has dicho! Y es mucha lástima que los grandes personajes hayan de tener en este mundo especial privilegio, entre todos los demás cristianos, para ahogarse y ahorcarse cuando les viene en gana, sin que nadie les diga nada... Vamos allá con el azadón... Ello es que no hay caballeros de nobleza más antigua que los jardineros, sepultureros y cavadores, que son los que ejercen la profesión de Adán.

SEPULTURERO 2º.- Pues qué, ¿Adán fue caballero?

SEPULTURERO 1º.- Fue el primer mortal que llevó armas...

SEPULTURERO 2º.- ¡Pero si no tenía ninguna!

SEPULTURERO 1º.- ¿Qué dices? ¿Eres un hereje? ¿Cómo entiendes tú las Sagradas Escrituras? Allá se dice que Adán cavaba la tierra. ¿Podía cavar sin ir armado de azada? Te voy a hacer una pregunta, si no me la contestas, confiesa que eres un...

SEPULTURERO 2º.- Adelante.

SEPULTURERO 1º.- ¿Cuál es el que construye edificios más fuertes, que los que hacen los albañiles y los carpinteros de casas y navíos?

SEPULTURERO 2º.- El que hace la horca, porque aquella fábrica sobrevive a mil inquilinos.

SEPULTURERO 1º.- Despierto eres, por vida mía. Buen edificio es la horca; pero, ¿cómo es bueno? Es bueno para los que obran mal; ahora bien, tú haces mal en decir que la horca se fabrica más fuerte que una iglesia, así que la horca podría ser buena para ti... Volvamos a la pregunta.

SEPULTURERO 2º.- ¿Cuál es el que hace habitaciones más durables que las que hacen los albañiles, los carpinteros de casas y de navíos?

SEPULTURERO 1º.- Sí, dímelo y sales del apuro.

SEPULTURERO 2º.- Ya se ve que te lo diré.

SEPULTURERO 1º.- Pues vamos.

SEPULTURERO 2º.- Pues, ¡voto a Dios, no lo sé!

SEPULTURERO 1º.- Vaya, no te rompas la cabeza sobre ello... Que tu burro lerdo, no saldrá de su paso por más que le apaleen. Cuando te hagan esta pregunta, has de responder: el Sepulturero. ¿No ves que las casas que él hace, duran hasta el día del juicio? Anda, ve ahí a la taberna de Juan y tráeme una copa de aguardiente.

Entran por el fondo Horacio y Hamlet.

SEPULTURERO 1º.- *(Cantando.) ¡Cómo amé cuando fui mozo*
   y qué dulce era la vida!
   Con la juventud perdida
   todo el gozo se fue al pozo.

HAMLET.- Qué poco siente ese hombre lo que hace, que abre una sepultura y canta.

HORACIO.- La costumbre le ha hecho ya familiar esa ocupación.

HAMLET.- Así es la verdad. La mano que menos labora, tiene más delicado el tacto.

SEPULTURERO 1º.- *(Cantando.)*
La edad llegó paso a paso
y me atrapó como a un pavo,
después me soltó en la tierra
para seguir siendo esclavo.
(Arroja lejos una calavera.)

HAMLET.- Aquella calavera tendría lengua en otro tiempo, y con ella podría también cantar... ¡Cómo la tira al suelo ese bribón! Como si fuese la quijada con que hizo Caín el primer homicidio. Y la que está maltratando ahora ese bruto, podría ser muy bien la cabeza de algún estadista, que acaso pretendió engañar al Cielo mismo. ¿No lo crees posible?

HORACIO.- Bien podría ser Alteza.

HAMLET.- O la de algún cortesano, que diría: buenos días, Señor mío, Excelentísimo, ¿cómo va de salud, mi venerado Señor? Esta puede ser la del caballero Fulano, que hacía grandes elogios del caballo del caballero Zutano, para pedírsele prestado después. ¿No puede ser así?

HORACIO.- Muy posible, señor.

HAMLET.- ¡Oh! Sí por cierto, y ahora está en poder del señor gusano, estropeada y hecha pedazos por el azadón de un sepulturero... Grandes revoluciones se hacen aquí, si hubiera en nosotros, medios para observarlas... Pero, ¿costó acaso tan poco la formación de estos huesos a la naturaleza, que hayan de servir para que esa gente se divierta jugando a los bolos con ellos?... ¡Eh! ¡Los míos se estremecen sólo de pensarlo!

SEPULTURERO 1º.- *(Cantando.)*
> *Un pico y un azadón,*
> *un trapo para mortaja,*
> *una fosa y un sermón*
> *y el huésped en una caja...*
(Arroja otra calavera.)

HAMLET.- Y esa otra, ¿por qué no podría ser la calavera de un abogado? ¿Adónde se fueron sus ambigüedades y sutilezas, sus litigios, sus interpretaciones, sus embrollos? ¿Por qué sufre ahora que ese bribón, grosero, le golpea contra la pared, con el azadón lleno de barro?... ¡Y no dirá palabra acerca de un suceso tan criminal! Este sería, quizás, mientras vivió, un gran comprador de tierras, con sus obligaciones y reconocimientos, transacciones, seguridades mutuas, pagos, recibos... Ve aquí el arriendo de sus arriendos, y el cobro de sus cobranzas; todo ha venido a reducirse a una calavera llena de barro. Los títulos de los bienes que poseyó cabrían difícilmente en su ataúd. Y, sin embargo, todas las fianzas y seguridades recíprocas de sus adquisiciones no le han podido asegurar otra posesión que la de un espacio pequeño, capaz de cubrirse con un par de sus escrituras... ¡Oh! ¡Y a su opulento sucesor tampoco le quedará más!

HORACIO.- Verdad es, señor.

HAMLET.- ¿No se hace el pergamino de piel de carnero?

HORACIO.- En efecto, Alteza, y de piel de ternera también.

HAMLET.- Pues, afirmo, que son más irracionales que las terneras y carneros, los que fundan su felicidad en la posesión de tales pergaminos. Voy a entablar conversación con este hombre. ¿De quién es esa sepultura, buen hombre?

SEPULTURERO 1º.- Mía, señor. *(Cantando.)*
    Una fosa y un sermón
    y el huésped en una caja...

HAMLET.- Sí, yo creo que es tuya porque estás ahora dentro de ella... Pero la sepultura es para los muertos, no para los vivos: con que has mentido.

SEPULTURERO 1º.- Vos os metéis donde no os llaman, así que no es vuestra; por mi parte no me meto en ella, y sin embargo, es mía.

HAMLET.- ¿Para qué muerto cavas esa sepultura?

SEPULTURERO 1º.- No es hombre, señor.

HAMLET.- Pues bien, ¿para qué mujer?

SEPULTURERO 1º.- Para ninguna mujer.

HAMLET.- Pues ¿qué es lo que ha de enterrarse ahí?

SEPULTURERO 1º.- Un cadáver que fue mujer; pero ya murió... Dios perdone su alma.

HAMLET.- ¡Qué taimado es! Hablémosle clara y sencillamente, porque si no, es capaz de llevarnos a equívocos. De tres años a esta parte he observado cuanto se va sutilizando la edad en que vivimos... Por vida mía, Horacio, que ya el villano sigue tan de cerca al caballero, que muy pronto le desollará el talón. ¿Cuánto tiempo hace que eres sepulturero?

SEPULTURERO 1º.- Toda mi vida, se puede decir. Yo comencé el oficio, el día que nuestro último Rey Hamlet venció a Fortimbrás.

HAMLET.- ¿Y cuánto tiempo hará?

SEPULTURERO 1º.- ¡Toma! ¿No lo sabéis? Pues hasta los más niños os lo dirán. Eso sucedió el mismo día en que nació el joven Hamlet, el que está loco y mandaron a Inglaterra.

HAMLET.- ¡Oiga! ¿Y por qué se ha ido a Inglaterra?

SEPULTURERO 1º.- Porque..., porque está loco, y allí recobrará su juicio; y si no lo recobra a bien que poco importa.

HAMLET.- ¿Por qué?

SEPULTURERO 1º.- Porque allí todos están tan locos como él, y no se notará.

HAMLET.- ¿Y cómo ha sido volverse loco?

SEPULTURERO 1º.- De un modo muy extraño, según dicen.

HAMLET.- ¿De qué modo?

SEPULTURERO 1º.- Habiendo perdido el entendimiento.

HAMLET.- Pero, ¿qué causa dio lugar a eso?

SEPULTURERO 1º.- Esta tierra de Dinamarca, donde soy enterrador, y lo he sido de chico y de grande, por espacio de treinta años.

HAMLET.- ¿Cuánto tiempo podrá estar enterrado un hombre sin corromperse?

SEPULTURERO 1º.- De suerte que si él no corrompía ya en vida (como nos sucede todos los días con muchos cuerpos con un mal francés, que no hay por donde asirlos), podrá durar cosa de ocho o nueve años. Un curtidor aguantará nueve años, seguramente.

HAMLET.- ¿Pues qué tiene él más que otro cualquiera?

SEPULTURERO 1º.- Lo que tiene es un pellejo tan curtido ya, por su trabajo, que puede resistir mucho tiempo al agua; y el agua, señor mío, es la cosa que más pronto destruye a cualquier hideputa de muerto. Ve aquí una calavera que ha estado debajo de tierra veintitrés años.

HAMLET.- ¿De quién es?

SEPULTURERO 1º.- Mayor hideputa, ¡loco! ¿De quién os parece que será?

HAMLET.- ¿Yo cómo he de saberlo?

SEPULTURERO 1º.- ¡Mala peste en él y en sus travesuras!...
Una vez derramó un frasco de vino del Rhin por la cabeza... Pues, señor, esta calavera es la calavera de Yorick, el bufón del Rey.

HAMLET.- ¿Esta?

SEPULTURERO 1º.- La misma.

HAMLET.- ¡Ay! ¡Pobre Yorick! Yo le conocí, Horacio..., era un hombre de infinito ingenio y de la más fecunda fantasía. Me acuerdo que siendo yo niño me llevó mil veces sobre sus hombros... y ahora su vista me llena de terror; y el estómago se me revuelve... Aquí estuvieron aquellos labios donde yo di besos sin número. ¿Qué se hicieron tus burlas, tus cabriolas, tus cantares y aquellos chistes repentinos que de ordinario animaban la mesa con alegre regocijo? Ahora, falto ya enteramente de músculos, ni siquiera puedes reírte de tu propia deformidad... Ve al tocador de alguna de nuestras damas y dile, para excitar su risa, que porque se ponga una pulgada de afeite en el rostro; al fin habrá de experimentar esta misma transformación... Dime una cosa, Horacio.

HORACIO.- ¿Cuál es, señor?

HAMLET.- ¿Crees tú que Alejandro, sepultado debajo de tierra, tendría esa forma horrible?

HORACIO.- La misma.

HAMLET.- Y exhalaría ese mismo hedor... ¡Uh! *(Arroja la calavera.)*

HORACIO.- Sin diferencia alguna.

HAMLET.- En qué abatimiento hemos de parar, ¡Horacio! Y ¿por qué no podría la imaginación seguir las ilustres cenizas de Alejandro, hasta encontrarla tapando la boca de algún barril?

HORACIO.- A fe que sería excesiva curiosidad ir a examinarlo.

HAMLET.- No, no por cierto. No lo es sino irle siguiendo hasta conducirle allí, con probabilidad y sin violencia alguna. Como si dijéramos: Alejandro murió, Alejandro fue sepultado, Alejandro se redujo a polvo, el polvo es tierra, de la tierra hacemos barro... ¿y por qué con este barro en que él está ya convertido, no habrán podido tapar un barril de cerveza? El gran César, muerto y hecho tierra, puede tapar un agujero para estorbar que pase el aire... ¡Oh!... Y aquella tierra, que tuvo atemorizado el orbe, servirá tal vez para reparar las hendiduras de un tabique, contra las intemperies del invierno... Pero, callemos... dejemos paso, que... sí... Aquí viene el Rey, la Reina, los Grandes... ¿A quién acompañan? ¡Qué ceremonial tan incompleto es este! Todo ello me anuncia que el difunto que conducen, dio fin a su vida con desesperada mano... Sin duda era persona de calidad... Escondámonos un poco, y observemos.

Entran Claudio, Gertrudis, Laertes y un sacerdote, acompañados de Damas, Caballeros y Criados.

LAERTES.- ¿Qué otra ceremonia falta?

HAMLET.- Mira, aquel es Laertes, joven muy ilustre.

LAERTES.- ¿Qué ceremonia falta?

SACERDOTE.- Ya se han celebrado sus exequias con todo el decoro posible. Su muerte da lugar a muchas dudas, y de no haberse interpuesto la suprema autoridad que modifica las leyes, hubiera sido colocada en lugar profano, allí estuviera hasta que sonase la trompeta final, y en vez de oraciones piadosas, hubieran caído sobre su cadáver guijarros, piedras y cascote. No obstante esto, se la han concedido las vestiduras y adornos virginales, el clamor de las campanas y el cortejo en el entierro.

LAERTES.- ¿Con que no se debe hacer más?

SACERDOTE.- Nada más. Profanaríamos los honores sagrados de los difuntos cantando un réquiem para implorar el descanso de su alma, como se hace por aquellos que parten de esta vida con más cristiana disposición.

LAERTES.- Dadla tierra, pues. Sus hermosos e intactos miembros acaso producirán violetas suaves. Y a ti, clérigo grosero, te anuncio que mi hermana será un ángel del Señor, mientras tú estarás aullando en el Infierno.

HAMLET.- ¿Cómo? ¿La hermosa Ofelia? *(Arrojando flores sobre el cadáver.)*

GERTRUDIS.- Dulces dones a mi dulce amiga. A Dios... Yo deseaba que hubieras sido esposa de mi Hamlet, graciosa doncella, y esperé cubrir de flores tu lecho nupcial..., pero no tu sepulcro.

LAERTES.- ¡Oh! ¡Una y mil veces sea maldito, aquel cuya acción inhumana te privó a ti del más agudo juicio!... No... esperad un instante, no echéis la tierra todavía... No..., hasta que otra vez la estreche en mis brazos... Echadla ahora sobre la muerta y el vivo, hasta que de este llano hagáis un monte que descuelle sobre el antiguo Pelión o sobre la azul extremidad del Olimpo que toca los cielos.

HAMLET.- ¿Quién es el que da a sus penas idioma tan enfático?¿El que así invoca en su aflicción a las estrellas errantes, haciéndolas detenerse al herir sus vidas con asombro?... Aquí está Hamlet, Príncipe de Dinamarca. *(Hamlet salta a la fosa detrás de Laertes.)*

LAERTES.- El demonio sepulte tu alma. *(Lucha contra Hamlet.)*

HAMLET.- No es justo lo que pides... Quita esos dedos de mi garganta, porque aunque no soy precipitado ni colérico; algún riesgo hay en ofenderme, y si eres prudente, debes evitarle. Quita de ahí esa mano.

CLAUDIO.- ¡Separadlos!

GERTRUDIS.- ¡Hamlet! ¡Hamlet!

HORACIO.- Mi buen señor, calmaos. *(Les separan y les sacan de la fosa.)*

HAMLET.- No, por causa tan justa lidiaré con él, hasta que cierre mis párpados la muerte.

GERTRUDIS.- ¿Qué causa puede haber, hijo mío?

HAMLET.- Yo he amado a Ofelia y cuatro mil hermanos juntos no podrán, con todo su amor, exceder al mío... ¿Qué quieres hacer por ella? Di.

CLAUDIO.- Laertes, mira que está loco.

GERTRUDIS.- Por Dios, Laertes, perdónale.

HAMLET.- Dime lo que intentas hacer. ¿Quieres llorar, combatir, negarte el sustento, hacerte pedazos, beber vinagre, devorar un cocodrilo? ¡Yo sí lo haré! ¿Vienes aquí a lamentar su muerte, a insultarme precipitándote en su sepulcro, a ser enterrado vivo con ella?... Pues bien, eso quiero yo, y si hablas de montes, descarguen sobre nosotros millones de fanegas de tierra, hasta que estos campos tuesten su frente en la tórrida zona, y el alto Ossa parezca en su comparación una simple verruga... Si me hablas con soberbia, yo usaré un lenguaje tan altanero como el tuyo.

GERTRUDIS.- ¡Todos son efectos de su locura, cuya violencia podrá agitarte por algún tiempo; pero después, se vuelve a la mansa paloma cuando siente animada las mellizas crías, le veréis sin movimiento y mudo!

HAMLET.- Óyeme: ¿cuál es la razón de obrar así conmigo? Siempre te he querido bien... Pero nada importa. Aunque el mismo Hércules, con todo su poder, quiera estorbarlo, el gato maullará y el perro quedará vencedor. *(Se va.)*

CLAUDIO.- Horacio, ve, no le abandones...*(Se va Horacio.)* Laertes, nuestra plática de la noche anterior fortificará tu paciencia, mientras dispongo lo que importa para que se cumpla... Amada Gertrudis, será bien que alguno se encargue de la guarda de tu hijo. Esta sepultura se adornará con un monumento imperecedero. Espero que gozaremos brevemente horas más tranquilas; pero, entretanto, conviene sufrir. *(Se van todos.)*

ESCENA II

Un salón en el castillo.

Entra Hamlet y Horacio.

HAMLET.- Baste ya lo dicho sobre esta materia. Ahora quisiera informarte de lo demás; pero, ¿te acuerdas bien de todas las circunstancias?

HORACIO.- ¿No he de acordarme, señor?

HAMLET.- Pues sabrás amigo, que agitado continuamente mi corazón en una especie de lucha, no me permitía conciliar el sueño, y en tal situación me juzgaba más infeliz que el delincuente cargado de prisiones. Una temeridad... Bien que debo dar gracias a esta temeridad, pues por ella continúo vivo. Sí, confesemos que tal vez nuestra indiscreción suele sernos útil; al paso que los planes concertados con la mayor sagacidad, se malogran, prueba certísima de que la mano de Dios conduce a su fin todas nuestras acciones por más que el hombre las ordene con torpeza.

HORACIO.- Así es la verdad.

HAMLET.- Salí, pues, de mi camarote, mal rebujado con un vestido de marinero, y a tientas, favorecido de la oscuridad, llego hasta donde ellos estaban. Logro mi deseo, me apodero de sus papeles, y regreso a mi cuarto. Allí, olvidando mis recelos toda consideración, tuve la osadía de abrir sus despachos, y en ellos encuentro, amigo, una alevosía del Rey. Una orden precisa, apoyada en varias razones, de ser importante a la tranquilidad de Dinamarca, e incluso a la de Inglaterra y ¡oh! mil temores y anuncios de mal, si me dejan vivo... En fin, decía: que luego que fuese leída, sin dilación, ni aun para afinar el filo del hacha, me cortasen la cabeza.

HORACIO.- ¿Es posible?

HAMLET.- Mira la orden aquí, podrás leerla despacio; pero ¿quieres saber lo que yo hice?

HORACIO.- Sí, yo os lo ruego.

HAMLET.- Ya ves como rodeado así de villanías, ya ellos habían empezado el drama, aun antes de que yo hubiese comprendido el prólogo. Sin embargo, me senté al bufete, imaginé una orden distinta, y la escribí inmediatamente de buena letra... Yo creí algún tiempo (como todos los grandes señores), que el escribir bien era una vulgaridad; y aun no dejé de hacer muchos esfuerzos para olvidar esa cualidad; pero ahora reconozco, Horacio, cuán útil me ha sido tenerla. ¿Quieres saber lo que el escrito contenía?

HORACIO.- Sí ¿cuál, señor?

HAMLET.- Una solemne súplica del Rey dirigida con gran protocolo al de Inglaterra, como a su obediente feudatario, diciéndole que su recíproca amistad florecería como la palma, dado que la paz, coronada de espigas, mantendría la quietud de ambos imperios, uniéndolos en amor durable, con otras expresiones no menos afectuosas. Pidiéndole, por último, que vista que fuese aquella carta, sin otro examen, hiciese perecer con pronta muerte a los dos mensajeros; no dándoles tiempo ni siquiera para confesar su delito.

HORACIO.- ¿Y cómo la pudisteis sellar?

HAMLET.- Aun eso también parece que lo dispuso el Cielo, porque siempre ha llevado conmigo el sello de mi padre, con el cual se hizo el que hoy usa el Rey. Cerré el pliego en la forma que el anterior, le puse la misma dirección, el mismo sello, le conduzco sin ser visto al mismo paraje y nadie nota el cambio... Al día siguiente ocurrió el combate naval, lo que después sucedió, ya lo sabes.

HORACIO.- De esta forma, Guildenstern y Rosencrantz caminan derechos a la muerte.

HAMLET.- Ya ves que ellos han solicitado este encargo, mi conciencia no me acusa acerca de su castigo... Ellos mismos se han procurado su ruina... Es muy peligroso al inferior meterse entre las puntas de las espadas, cuando dos enemigos poderosos se pelean.

HORACIO.- Pero, ¿qué rey es este?

HAMLET.- ¿Juzgas tú, que no tengo un deber? Él, que asesinó a mi padre y mi Rey, que ha deshonrado a mi madre, que se ha introducido furtivamente entre el solio, y mis derechos justos, que ha conspirado contra mi vida, valiéndose de medios tan solapados... ¿No será perfecta conciencia castigarle con esta mano? ¿No será culpa en mí tolerar que ese monstruo exista, para seguir cometiendo, maldades atroces?

HORACIO.- Pronto le avisarán de Inglaterra cuál ha sido el éxito de su solicitud.

HAMLET.- Sí, pronto lo sabrá; pero entretanto el tiempo es mío y para quitar a un hombre la vida, un instante basta... Sólo me disgusta, amigo Horacio, el lance ocurrido con Laertes, en que olvidado de mí mismo, porque en la imagen de mi causa vi reflejarse la suya.

Procuraré recuperar su amistad, sí... Pero, ciertamente, aquel tono amenazador que daba a sus quejas irritó en exceso mi cólera.

HORACIO.- Callad... ¿Quién viene aquí?

Entra el joven Osric.

OSRIC.- En hora feliz haya regresado vuestra Alteza a Dinamarca.

HAMLET.- Muchas gracias, caballero... *(Aparte a Horacio.)* ¿Conoces a este moscón?

HORACIO.- No señor.

HAMLET.- Nada has perdido, que el conocerle es por cierto poco agradable. Este es señor de muchas tierras y muy fértiles, y por más que él sea una bestia que manda en otros tan bestias como él; ya se sabe, tiene su pesebre fijo en la mesa del Rey... Es la corneja más falsa que en mi vida he visto; pero como te he dicho ya, posee una gran porción de barro.

OSRIC.- Amable Príncipe, si vuestra grandeza no tiene ocupación que se lo estorbe, yo le comunicaría un mensaje de parte de su Majestad, el Rey.

HAMLET.- Estoy dispuesto a oírla con la mayor atención... Pero, emplead el sombrero en el uso a que fue destinado. El sombrero se hizo para la cabeza.

OSRIC.- Muchas gracias, señor... pero el tiempo está caluroso.

HAMLET.- No, creedme, muy frío. El viento es norte.

OSRIC.- Cierto que hace bastante frío.

HAMLET.- Antes yo creo... a lo menos para mi temperamento, hace un bochorno que abrasa.

OSRIC.- ¡Oh! En extremo... Sumamente sofocante, como... Yo no sé cómo decirlo... Pues, señor, el Rey me manda que os informe de que ha hecho una gran apuesta en vuestro favor. Este es el asunto…

Hamlet.- Tened presente que el sombrero se... *(Le hace la señal de ponerse el sombrero.)*

Osric.- ¡Oh! Señor... Lo hago por comodidad... Cierto... Pues ello es, que Laertes acaba de llegar a la Corte... ¡Oh! Es un perfecto caballero, no cabe duda. Excelentes cualidades, un trato muy dulce, muy bien considerado de todos... Cierto, hablando sin pasión, es menester confesar que es la flor y nata de la nobleza, porque en él se hallan cuantas prendas pueden verse en un caballero.

Hamlet.- Vuestra definición de él no tiene desperdicio, aunque yo creí que, al hacer el inventario de sus virtudes, se confundirían la aritmética y la memoria y ambas serían insuficientes para suma tan larga. Pero, sin exagerar su elogio, yo le tengo por un hombre de gran espíritu, y de tan particular y extraordinaria naturaleza, que (hablando con toda la exactitud posible) no se hallará su semejanza sino en su mismo espejo; pues el que presuma buscarla en otra parte, sólo encontrará su sombra.

Osric.- Vuestra Alteza acaba de hacer justicia imparcial en cuanto ha dicho de él.

Hamlet.- Sí, pero hay que saber con qué propósito nos enronquecemos ahora, entrometiendo en nuestra conversación las alabanzas de ese galán.

Osric.- ¿Cómo decís, señor?

Horacio.- ¿No fuera mejor que le hablarais con más claridad? Yo creo, señor, que no os sería difícil.

Hamlet.- Digo, que ¿a qué viene ahora hablar de ese caballero?

Osric.- ¿De Laertes?

Horacio.- *(Aparte a Hamlet.)* ¡Eh! Ya vació cuanto tenía, y se le acabó la provisión de frases de oro.

HAMLET.- Sí señor, de ese mismo.

OSRIC.- Yo creo que no estaréis ignorante de los altos méritos de Laertes.

HAMLET.- Quisiera que no me tuvierais por ignorante; bien que vuestra opinión no me añada un gran concepto... Y bien, ¿qué más?

OSRIC.- Decía que no podéis ignorar el mérito de Laertes.

HAMLET.- Yo no me atreveré a confesarlo, por no igualarme con él; siendo averiguado que para conocer bien a otro, es menester conocerse bien a sí mismo.

OSRIC.- Yo lo decía por su destreza en el arma, puesto que según la voz general, no se le conoce compañero.

HAMLET.- ¿Y qué arma es la suya?

OSRIC.- Espada y daga.

HAMLET.- Esas son dos armas... ¿y qué más?

OSRIC.- Pues señor, el Rey ha apostado contra él seis caballos de Berbería, y él ha impuesto por su parte, (según he sabido) seis espadas francesas con sus dagas y guarniciones correspondientes, como cinturón, tahalíes, y demás tenor... Tres de estos tahalíes particularmente son la cosa más bien hecha que puede darse. ¡Piezas como ellas!.. ¡Oh! Es obra de mucho gusto y primor.

HAMLET.- Y ¿a qué cosa llamáis piezas?

HORACIO.- Ya recelaba yo y que sin el socorro de notas marginales no pudierais acabar el diálogo.

OSRIC.- Señor, por piezas entiendo yo, así, los... tahalíes.

HAMLET.- La expresión sería mucho más propia, si pudiéramos llevar al cinto cañones de artillería; pero en tanto que este uso no se introduzca, los llamaremos tahalíes... En fin y vamos al asunto. Seis caballos berberiscos, contra seis espadas francesas, con sus cinturones, y entre ellos tres piezas primorosas. ¿Así que esto es lo que apuesta el francés contra el danés? ¿Y a qué fin se han impuesto (como vos decís) todas esas cosas?

Osric.- El Rey ha apostado que si batalláis con Laertes, en doce pases no pasarán de tres toques los que él os dé, y él dice, que en las mismas doce, os dará nueve cuando menos, y desea que esto se juzgue inmediatamente: si os dignáis a responder.

Hamlet.- ¿Y si respondo que no?

Osric.- Quiero decir, si admitís el partido que os propone.

Hamlet.- Pues, señor, yo tengo que pasearme todavía en esta sala, porque si su Majestad no lo ha por enojo, esta es la hora en que yo acostumbro respirar el ambiente. Tráiganse aquí los floretes, y si ese caballero lo quiere así, y el Rey se mantiene en lo dicho, le haré ganar la apuesta, si puedo; y si no puedo, lo que yo ganaré será vergüenza y golpes.

Osric.- ¿Debo decirlo en esos términos?

Hamlet.- Esto es lo fundamental; después lo podéis adornar con todas las flores de vuestro ingenio.

Osric.- Señor, recomiendo nuevamente mis respetos a vuestra grandeza. *(Se va.)*

Hamlet.- Siempre vuestro, siempre. Hace bien en recomendármelos él mismo; no hay ninguna otra lengua que lo haga.

Horacio.- Este me parece una avefría, que empezó a volar y chillar, con el cascarón pegado en la cabeza.

Hamlet.- Sí, y aun antes de mamar hacía ya cumplimientos a la teta. Este es uno de los muchos que en nuestra corrompida edad son estimados, únicamente porque saben acomodarse al gusto del día, con esa exterioridad halagüeña y obsequiosa. Y con ella tal vez suelen sorprender el aprecio de los hombres prudentes; pero se parecen demasiado a las burbujas; que por más que hiervan y abulten, al dar un soplo, se reconoce lo que son: vacías se desvanecen, y no queda nada en el vaso.

Entra un gentilhombre.

GENTILHOMBRE.- Señor, parece que su Majestad os envió un recado con el joven Osric, y este ha vuelto diciendo que esperabais en esta sala. El Rey me envía a saber si gustáis batiros con Laertes inmediatamente, o si queréis que se dilate.

HAMLET.- Yo soy constante en mi resolución y la sujeto a la voluntad del Rey. Si esta hora fuese cómoda para él, también lo es para mí, conque hágase al instante o cuando le plazca; con tal que me halle en la buena disposición que ahora.

GENTILHOMBRE.- El Rey y la Reina bajan ya, con toda la Corte.

HAMLET.- Enhorabuena.

GENTILHOMBRE.- La Reina quisiera que antes de comenzar la batalla, hablarais a Laertes con dulzura y expresiones de amistad.

HAMLET.- Es advertencia muy prudente. *(Se va el gentilhombre.)*

HORACIO.- Temo que habéis de perder, señor.

HAMLET.- No, yo pienso que no. Desde que él partió para Francia, no he cesado de ejercitarme, y creo que le llevaré ventaja... Pero... No podrás imaginarte qué angustia siento, aquí en el corazón. Y ¿sobre qué?.. No hay motivo.

HORACIO.- Con todo eso, mi buen Príncipe...

HAMLET.- ¡Ilusiones vanas! Especie de presentimientos, capaces sólo de turbar a una mujer.

HORACIO.- Si sentís interiormente alguna repugnancia, no hay para qué empeñaros. Yo me adelantaré a detenerlos, y les diré que no os encontráis en condiciones.

HAMLET.- No, no... desafiemos tales presagios. Hasta en la muerte de un gorrión interviene una providencia irresistible. Si mi hora es llegada, no hay que esperarla, si no ha de venir ya, señal que es ahora, y si ahora no fuese, habrá de ser después: todo consiste en hallarse prevenido para cuando venga. Si el hombre, al terminar su vida, ignora siempre lo que podría ocurrir después, ¿qué importa que la pierda tarde o temprano? Sepa morir.

Entran trompetas, tambores y un dignatario en cojines. El Rey, la Reina, Laertes, Osric y otros cortesanos con floretes, manoplas y una mesa con copas de vino.

CLAUDIO.- Ven, Hamlet, ven, y recibe esta mano que te presento.

HAMLET.- Laertes, si estáis ofendido de mí, concededme vuestro perdón. Perdonadme como caballero. Cuantos se hallan presentes saben, e incluso vos mismo lo habréis oído, el desorden que mi razón padece. Cuanto haya hecho insultando la ternura de vuestro corazón, vuestra nobleza, o vuestro honor, cualquiera acción en fin, capaz de encolerizaros; declaro solemnemente en este lugar que ha sido efecto de mi locura. ¿Puede Hamlet haber ofendido a Laertes? No, Hamlet no ha sido, porque estaba arrebatado de sí mismo, y si en tal ocasión (en que él a sí propio se desconocía) ofendió a Laertes, no fue Hamlet el agresor, porque Hamlet lo desaprueba y lo desmiente. ¿Pues quién pudo ser? Sólo su locura... Siendo esto así, el desventurado Hamlet es partidario del ofendido, al paso que en su propia locura reconoce su mayor enemigo. Permitid, pues, que delante de esta asamblea me libere de toda siniestra intención y aguarde de vuestra generosidad el olvido de mis desaciertos. Disparaba mi flecha sobre los muros de ese edificio, y por error herí a mi hermano.

LAERTES.- Mi corazón, cuyos impulsos naturales eran los primeros en pedirme en este caso venganza, queda satisfecho. Mi honra no me permite pasar adelante ni admitir reconciliación alguna; hasta que examinado el hecho por ancianos y virtuosos árbitros, se declare que mi nombre está sin mancilla. Mientras llega este caso, admito con afecto recíproco el que me anunciáis, y os prometo no agraviarlo.

HAMLET.- Yo recibo con sincera gratitud ese ofrecimiento, y en cuanto a la apuesta que va a comenzarse, lidiaré con vos como si mi competidor fuese mi hermano... Vamos. Dadnos floretes.

LAERTES.- Sí, vamos. Uno a mí.

HAMLET.- La victoria no os será difícil, vuestra habilidad lucirá sobre mi ignorancia, como una estrella resplandeciente en la más oscura noche.

LAERTES.- No os burléis, señor.

HAMLET.- No, no me burlo.

CLAUDIO.- Dales floretes, joven Osric. Hamlet, ya sabes cuáles son las condiciones.

HAMLET.- Sí, señor, y en verdad que habéis apostado por el más débil.

CLAUDIO.- No temo perder. Yo os he visto ya esgrimir a entrambos y aunque él haya adelantado después; por eso mismo, el premio es mayor a favor nuestro.

LAERTES.- Este es muy pesado. Dejadme ver otro.

HAMLET.- Este me parece bueno... ¿Son todos iguales de largo? *(Se preparan para luchar.)*

OSRIC.- Sí señor.

CLAUDIO.- Cubrid esta mesa de copas, llenas de vino. Si Hamlet da la primera o segunda estocada, o en la tercera suerte da un quite al contrario, disparen toda la artillería de las almenas. El Rey beberá a la salud de Hamlet echando en la copa una perla más preciosa que la que han usado en su corona los cuatro últimos soberanos daneses. Traed las copas, y el timbal diga a las trompetas, las trompetas al artillero distante, los cañones al cielo, y el cielo a la tierra; ahora brinda el Rey de Dinamarca a la salud de Hamlet... Comenzad, y vosotros los jueces, observad atentos. *(Trompetas.)*

HAMLET.- Vamos allá, señor.

LAERTES.- Vamos señor. *(Esgrimen.)*

HAMLET.- Tocado.

LAERTES.- No.

HAMLET.- Que juzguen.

OSRIC.- Tocado, no hay duda.

LAERTES.- Bien; vamos a otro.

CLAUDIO.- Esperad... Dadme de beber. Hamlet, esta perla es para ti, y brindo con ella a tu salud. Dadle la copa. *Suenan tambores y trompetas y se oye disparar el cañón.*

HAMLET.- Esperad un poco. Quiero acabar este asalto primero. Vamos. Otra estocada. ¿Qué decís?

LAERTES.- Sí, me ha tocado, lo confieso.

CLAUDIO.- ¡Oh! Nuestro hijo vencerá.

GERTRUDIS.- Suda y jadea, y se fatiga demasiado. Ven aquí, Hamlet, toma mi pañuelo, y límpiate el rostro. La Reina brinda a tu buena fortuna querido Hamlet.

HAMLET.- Muchas gracias, señora.

CLAUDIO.- No, no bebáis.

GERTRUDIS.- ¡Oh! Señor, perdonadme. Yo he de beber. *(Bebe y ofrece la copa a Hamlet.)*

CLAUDIO.- ¡La copa envenenada!.. Pero... No hay remedio.

HAMLET.- No, ahora no bebo, esperad un instante.

GERTRUDIS.- Ven, hijo mío, te limpiaré el sudor del rostro.

LAERTES.- *(Al Rey.)* Ahora veréis si le acierto.

CLAUDIO.- Yo pienso que no.

LAERTES.- No sé qué repugnancia siento al ir a ejecutarlo.

HAMLET.- Vamos a la tercera, Laertes... Pero, bien se ve que lo tomáis a fiesta, batallad, os ruego, con más ahínco. Mucho temo que os burláis de mí.

LAERTES.- ¿Eso decís, señor? Vamos.

OSRIC.- Nada, ni el uno ni el otro.

Laertes hiere a Hamlet, y después, en el fragor de la pelea, Hamlet desarma a Laertes y cambian las espadas, hiriendo a Laertes.

LAERTES.- Ahora... Esta...

CLAUDIO.- Parece que se enardecieron demasiado. Separadlos.

HAMLET.- No, no, vamos otra vez.

Cae al suelo la Reina.

OSRIC.- Ved qué tiene la Reina ¡Cielos!

HORACIO.- ¡Ambos heridos! ¿Qué es esto, señor?

OSRIC.- ¿Cómo ha sido, Laertes? *(Cae Laertes.)*

LAERTES.- Esto es haber caído en el lazo que preparé, justamente muero víctima de mi propia traición.

HAMLET.- ¿Qué tiene la Reina?

CLAUDIO.- Se ha desmayado al veros heridos.

GERTRUDIS.- No, no... ¡La bebida!... ¡Querido Hamlet! ¡La bebida! ¡Me han envenenado! *(Muere.)*

HAMLET.- ¡Oh! ¡Qué vileza!.. ¡Oh!.. Cerrad las puertas... Traición... Buscad por todas partes...

LAERTES.- No, el traidor está aquí. Hamlet, ¡tú vas a

morir!... no hay medicina que pueda salvarte, vivirás media hora, apenas... En tu mano está el instrumento traidor, bañado con ponzoña su aguda punta. ¡Se volvió contra mí, la trama indigna! Mírame aquí postrado para no levantarme jamás. Tu madre ha bebido un veneno... No puedo proseguir... El Rey, el Rey es el culpable.

HAMLET.- ¡Está envenenada esta punta! Pues, veneno, produce tus efectos. *(Asesta una estocada al Rey.)*

TODOS.- ¡Traición, traición!

CLAUDIO.- Amigos, estoy herido... Defendedme.

HAMLET.- ¡Malvado incestuoso, asesino! Bebe esta ponzoña ¿Está la perla aquí? Sí, toma, ¡acompaña a mi madre! *(Le obliga a beber. El Rey muere.)*

LAERTES.- ¡Justo castigo!... Él mismo preparó la poción mortal... Olvidémonos de todo, generoso Hamlet y... ¡Oh! ¡No caiga sobre ti la muerte de mi padre, ni a mí culpes de la tuya! *(Muere.)*

HAMLET.- El Cielo te perdone... Ya voy a seguirte. Yo muero, Horacio... Adiós, Reina infeliz... Vosotros que asistís pálidos y mudos con el temor a este suceso terrible... Si yo tuviera tiempo. La muerte es un ministro inexorable que no dilata la ejecución... Yo pudiera deciros... pero, no es posible. Horacio, yo muero. Tú, que vivirás, refiere la verdad y los motivos de mi conducta, a quien los ignora.

HORACIO.- ¿Vivir? No lo creáis. Yo tengo alma romana, y todavía ha quedado aquí parte del veneno.

HAMLET.- Dame esa copa... rápido... por Dios te lo pido. ¡Oh! ¡Querido Horacio! Si esto permanece oculto, ¡qué manchada reputación dejaré después de mi muerte! Si alguna vez me diste lugar en tu corazón, retarda un poco esa felicidad que apeteces; alarga por algún tiempo la fatigosa vida en este mundo llena de miserias, y divulga por él mi historia... ¿Qué estrépito militar es este?

Se oye una marcha militar y salvas.

OSRIC.- El joven Fortimbrás que vuelve vencedor de Polonia, saluda con la salva marcial que oís a los Embajadores de Inglaterra.

HAMLET.- Yo expiro, Horacio, la activa ponzoña sofoca ya mi aliento... No puedo vivir para saber nuevas de Inglaterra; pero me atrevo a anunciar que Fortimbrás será elegido por aquella nación. Yo, moribundo, le doy mi voto... Díselo tú, e infórmale de cuanto acaba de ocurrir... ¡Oh!... Lo demás es silencio. *(Muere.)*

HORACIO.- En fin, ¡se rompe ese noble corazón! Adiós, adiós, amado Príncipe. ¡Los coros angélicos te acompañen al celeste descanso!... Pero, ¿cómo se acerca hasta aquí el estruendo de tambores? *(Se aproxima el estruendo militar.)*

Entran Fortimbrás, dos Embajadores, ingleses y soldados.

FORTIMBRÁS.- ¿En dónde está ese espectáculo?

HORACIO.- ¿Qué buscáis aquí? Si queréis ver desgracias espantosas, contempladlas

FORTIMBRÁS.- ¡Oh! Este destrozo pide sangrienta venganza... ¡Soberbia muerte! ¿Qué festín dispones en tu morada infernal, que así has herido con un golpe solo tantas ilustres víctimas?

EMBAJADOR 1º.- ¡Horroriza el verlo!... Tarde hemos llegado con los mensajes de Inglaterra. Los oídos a quienes debíamos dirigirlos, son ya insensibles. Sus órdenes fueron puntualmente ejecutadas: Rosencrantz y Guildenstern perdieron la vida... Pero, ¿quién nos dará las gracias de nuestra obediencia?

HORACIO.- *(Señalando al Rey.)* No las recibiríais de su

boca, aunque viviese todavía, que él nunca dio orden para tales muertes. Pero, puesto que vos viniendo victorioso de la guerra contra Polonia y vosotros enviados de Inglaterra, os halláis juntos en este lugar y os veo deseosos de averiguar este suceso trágico: ordenad que esos cadáveres se expongan sobre una tumba elevada a la vista pública, y entonces haré saber al mundo que lo ignora el motivo de estas desgracias. Me oiréis hablar (pues todo os lo sabré referir fielmente) de acciones viles, lascivas, atroces sentencias que dictó él, de estragos imprevistos, muertes ejecutadas con astuta violencia y al fin, proyectos malogrados, que han hecho perecer a sus mismos autores.

FORTIMBRÁS.- Deseo con impaciencia oíros, y convendrá que se reúna con este objeto la nobleza de la nación. No puedo mirar sin horror los dones que me ofrece la fortuna; pero tengo derechos muy antiguos a esta corona, y en tal ocasión es justo reclamarlos.

HORACIO.- También puedo hablar en ese propósito, declarando a vuestro favor el voto que pronunció aquella boca, que ya no formará sonido alguno... Pero, ahora que los ánimos están en peligroso movimiento, no se dilate la ejecución un instante solo: para evitar los males que pudieran causar más intrigas y más errores.

FORTIMBRÁS.- Cuatro de mis capitanes lleven al túmulo el cuerpo de Hamlet con las insignias correspondientes a un guerrero. ¡Ah! Si él hubiese ocupado el trono, sin duda hubiera sido un gran Rey... Resuene la música militar por donde pase la pompa fúnebre, y se presenten armas a su paso como homenaje póstumo... Quitad, quitad de ahí esos cadáveres. Espectáculo tan sangriento, más es propio de un campo de batalla que de este sitio... Y vosotros, haced que salude con descargas todo el ejército.

Marcha fúnebre. Se van todos, llevándose los cadáveres, mientras se oyen a los lejos salvas de artillería.

FIN DE LA TRAGEDIA

LA TRAGEDIA DE ROMEO Y JULIETA
LOS AMANTES DE VERONA

DRAMATIS PERSONAE

El **CORO**

ROMEO

MONTESCO, su padre

SEÑORA MONTESCO

BENVOLIO, sobrino de Montesco

ABRAHAM, criado de Montesco

BALTASAR, criado de Romeo

JULIETA

CAPULETO, Su padre

SEÑORA CAPULETO

TEOBALDO, su sobrino

PRIMO DE CAPULETO

EL AMA de Julieta

PEDRO, criado de Capuleto

SANSÓN, criado de Capuleto

GREGORIO, criado de Capuleto

DELLA SCALA, Príncipe de Verona

MERCUCIO, pariente del Príncipe. Amigo de Romeo

El Conde **PARIS**, pariente del Príncipe

PAJE de Paris

FRAY LORENZO, franciscano

FRAY JUAN, de la misma orden

Un **BOTICARIO**

Criados, músicos, guardias, ciudadanos, máscaras, etc.

Acto I

Prólogo

Entra el Coro

Coro.- *En Verona, escena de la acción, dos familias de rango y calidad renuevan viejos odios con ardor y manchan con su sangre la ciudad. De la entraña fatal de estos rivales nacieron dos amantes desgraciados, cuyas desventuras y funestos males enterrarán conflictos heredados. El curso de un amor de muerte herido y una paterna cólera tan extrema que hasta el fin de sus hijos no ha cesado será en estas dos horas nuestro tema. Si escucháis la obra con atención, nuestro afán salvará toda omisión.** *(Sale.)*

Escena I

Una calle de Verona

Entran Sansón y Gregorio, de la casa de los Capuleto, armados con espada y escudo.

Sansón.- Gregorio, a fe mía que no vamos a tragar saliva.

Gregorio.- No, que tan tragones no somos.

Sansón.- Digo que si no los tragamos, se les cercena el cuello.

Gregorio.- Sí, pero no acabemos nosotros con la soga al cuello.

---

* Según algunos este prólogo es añadido y no es de la pluma de Shakespeare.

SANSÓN.- Si me provocan, yo contesto rápido, lo demás me importa poco.

GREGORIO.- Sí, pero a pegar no te provocan tan rápido.

SANSÓN.- A mí me provocan los perros de los Montescos.

GREGORIO.- Provocar es mover y no ser cobarde, plantarse, así que si te provocan, tú sales corriendo.

SANSÓN.- Los perros de los Montescos me animan a plantarme. Con un hombre o mujer de los Montescos me agarro a las paredes.

GREGORIO.- Entonces te vencerán, porque al débil lo empujan contra la pared.

SANSÓN.- Cierto, y por eso a las mujeres, seres débiles*, las empujan contra la pared. Así que yo haré marchar de la pared a los hombres de Montesco y arrimaré contra ella a las mujeres.

GREGORIO.- Pero la discordia es entre nuestros amos y no de nosotros, sus criados.

SANSÓN.- Da lo mismo; me portaré como un tirano. Cuando haya peleado con los hombres, seré cortés con las doncellas: las desvergaré.**

GREGORIO.- ¿Desvergar doncellas?

SANSÓN.- Sí, desvergar o desvirgar. Tómalo como quieras.

GREGORIO.- Por dónde lo sabrán las que lo prueben.

SANSÓN.- Pues me van a probar mientras este no se encoja, y ya se sabe que soy más carne que pescado.

GREGORIO.- Menos mal, porque, si no, serías un merluzo. Saca tu espada, que vienen de la casa de Montesco.

Entran otros dos criados, uno llamado Abraham.

SANSÓN.- Aquí está mi arma. Tú pelea; yo te guardo las espaldas.

---

* Observación muy machista de la época.
** Más "machismo" todavía.

Gregorio.- ¿Para volver las tuyas y que te escapes?

Sansón.- No tengas miedo, que no.

Gregorio.- No, contigo no tengo miedo.

Sansón.- Tengamos la ley de nuestra parte: que empiecen ellos.

Gregorio.- Me pondré desafiante cuando pase por su lado, y que se lo tomen como quieran.

Sansón.- Si se atreven. Yo me mofaré de ellos, a ver cómo se lo toman.

Abraham.- ¿Os mofáis de nosotros?

Sansón.- Nos mofamos, dentro de la ley.

Abraham.- ¿Os mofáis de nosotros, señor?

Sansón.- *(Aparte a Gregorio)* ¿Tenemos la ley de nuestra parte si lo afirmo?

Gregorio.- *(Aparte a Sansón)* No.

Sansón.- No, señor, no os hago mofa. Pero hago mofa, señor.

Gregorio.- ¿Buscáis brega?

Abraham.- ¿Brega? No, señor.

Sansón.- Pero si la buscáis, aquí estoy yo: criado de tan buen amo como el vuestro.

Abraham.- Pero no mejor.

Sansón.- Pues...

Entra Benvolio.

Gregorio.- *(Aparte a Sansón)* Di que mejor: ahí llega un pariente del amo.

Sansón.- Sí, señor: mejor.

Abraham.- ¡Mentira!

Sansón.- Desenvainad si sois hombres. Gregorio, recuerda tu estocada. *(Pelean.)*

Benvolio.- *(Desenvaina.)* ¡Alto, majaderos! Envainad; no sabéis lo que hacéis.

Entra Teobaldo.

TEOBALDO.- ¿Conque te atreves contra míseros esclavos? Vuélvete, Benvolio, y afronta tu muerte.

BENVOLIO.- Estoy poniendo paz. Envaina tu espada o ven con ella a intentar detenerlos.

TEOBALDO.- ¿Y armado quieres paz? Odio esa palabra como odio el infierno, a ti y a los Montescos. ¡Vamos, cobarde! *(Luchan.)*

Entran tres o cuatro ciudadanos con palos.

CIUDADANOS.- ¡Palos, picas, hachas! ¡Pegadles! ¡Tumbadlos! ¡Mueran con los Capuletos! ¡Mueran los Montescos!

Entran Capuleto, en bata, y su esposa, la Señora Capuleto.

CAPULETO.- ¿Qué tumulto es ese? ¡Dadme mi espada de guerra!

SEÑORA CAPULETO.- ¡Dadle una muleta! ¿Por qué pides la espada?

Entran Montesco y su esposa, la Señora Montesco.

CAPULETO.- ¡Quiero mi espada! ¡Ahí está Montesco, blandiendo la suya en desafío!

MONTESCO.- ¡Maldito Capuleto! ¡Déjame pasar, vamos!

SEÑORA MONTESCO.- Contra tu enemigo no darás un paso.

Entra el Príncipe della Scala, con su séquito.

PRÍNCIPE.- ¡Súbditos irascibles, enemigos de la paz, que deshonráis el acero con sangre ciudadana! ¡No escuchan! ¡Vosotros, hombres, bestias, que apagáis el ardor de vuestra ira con chorros de púrpura que brotan de las venas! ¡Bajo pena de tormento, arrojad de las manos sangrientas esas mal forjadas armas y escuchad la sentencia de vuestro Príncipe! Tres refriegas, que, por fútiles motivos, vos causasteis, Capuleto, y vos, Montesco, tres veces quebraron la quietud de nuestras calles e hicieron que los viejos de Verona prescindiesen de su grave indumentaria y con viejas manos empuñasen viejas armas, oxidadas en la paz, por apartaros del odio que os carcome. Si causáis otro tumulto, vuestra vida será el precio. Por esta vez, que todos se dispersen. Vos, Capuleto, habréis de acompañarme. Montesco, venid esta tarde a Villa Franca, mi Palacio de Justicia, a conocer el resto de mis decisiones sobre el asunto. ¡Una vez más, bajo pena de muerte, dispersaos!

(Salen todos, menos Montesco, la Señora Montesco y Benvolio.)

MONTESCO.- ¿Quién ha renovado la ancestral querella? Dime, sobrino, ¿estabas aquí cuando empezó?

BENVOLIO.- Cuando llegué, los criados de vuestro adversario estaban peleando con los vuestros. Desenvainé por separarlos. Entonces apareció el fogoso Teobaldo, espada en mano, y la blandía alrededor de la cabeza, cubriéndome de improperios y cortando el aire, que, indemne, le silbaba en menosprecio. Mientras cruzábamos mandobles y estocadas, vinieron más, y lucharon de uno y otro lado hasta que el Príncipe llegó y pudo separarlos.

SEÑORA MONTESCO.- ¿Y Romeo? ¿Le has visto hoy? Me place el ver que no ha participado en esta pelea.

BENVOLIO.- Señora, una hora antes de que el astro rey asomase por las áureas ventanas del oriente, el desasosiego me empujó a pasear. Entonces, bajo unos sicomoros que crecen al oeste de Verona, caminando tan temprano vi a vuestro hijo. Fui hacia él, quien, advirtiendo mi presencia, se escondió en lo más dentro del bosque. Medí sus sentimientos por los míos, que ansiaban un espacio retirado (mi propio ser entristecido me sobraba), seguí mi camino al no seguir el suyo y gustoso evité a quien por gusto me evitaba.

MONTESCO.- Le han visto allí muchas madrugadas, aumentando con su llanto el rocío de la mañana, añadiendo a las nubes sus nubes de suspiros. Pero, en cuanto el sol, que todo alegra, comienza a descorrer por el remoto oriente las oscuras cortinas del tálamo de Aurora, mi melancólico hijo huye de la luz y se encierra solitario en su aposento, cerrando las ventanas, a cal y canto y creándose una noche artificial Este humor será muy sombrío y funesto si la causa no la quita el buen consejo.

BENVOLIO.- Mi noble tío, ¿sabéis vos la causa?

MONTESCO.- Ni la sé, ni por él puedo saberla.

BENVOLIO.- ¿Le habéis presionado de uno a otro modo?

MONTESCO.- Sí, y también otros amigos, pero él sólo confía sus sentimientos a sí mismo, no sé si con acierto, y se muestra tan callado y comedido, tan insondable y tan hermético como flor comida por gusano antes de abrir su pimpollo al aire o al sol ofrecerle sus encantos. Si supiéramos la causa de su pena, le daríamos remedio con prontitud a ella.

Entra Romeo.

BENVOLIO.- Ahí viene. Os lo suplico, poneos a un lado: me dirá su dolor, si no se ha obcecado.

MONTESCO.- Espero que, al quedarte, por fin escuches su sincera confesión. Vamos, señora.

(Salen Montesco y la Señora Montesco.)

BENVOLIO.- Buenos días, primo. Muy de mañanas vas.

ROMEO.- ¿Ya es tan de mañana?

BENVOLIO.- Las nueve todavía no han dado.

ROMEO.- ¡Ah! Las horas tristes se eternizan. ¿Era mi padre quien se fue tan deprisa?

BENVOLIO.- Sí. ¿Qué sufrimientos alargan las horas de Romeo?

ROMEO.- No tener lo que, al tenerlo, las acorte.

BENVOLIO.- ¿Enamorado?

ROMEO.- Cansado.

BENVOLIO.- ¿De amar?

ROMEO.- De no ser correspondido por mi amada.

BENVOLIO.- ¡Ah! ¿Por qué el amor, de presencia tan gentil, impera luego con tanta tiranía?

ROMEO.- ¡Ah! ¿Por qué el amor, que lo pintan ciego, puede, seguir siéndolo e imponer sus antojos? ¿Dónde comemos? ¡Ah! ¿Qué pelea ha habido? No me lo digas, que ya lo conozco. Pelea de odio, pero más de amor. ¡Ah, amor luchador! ¡Ah, odio amoroso! ¡Ah, todo, creado del caos primigenio! ¡Ah, grave levedad, seria vanidad, confusión deforme de bellas formas, pluma de plomo, humo radiante, fuego glacial, salud precaria, sueño desvelado, que no es lo que es! Yo siento este amor sin sentir nada en él. ¿Te ríes? ¡Por Dios!

BENVOLIO.- No, primo; más bien lloro.

ROMEO.- ¿Por qué, ilustre alma?

BENVOLIO.- Porque en tu alma hay dolor.

ROMEO.- Así es la pena de amor: mi propio pesar, que tanto me angustia, tú ahora lo aumentas, puesto que lo excitas con el tuyo propio. Ese amor que muestras añade congoja a la que me supera. El amor es humo, soplo de suspiros: se esfuma, y es fuego en ojos que aman; refrénalo, y desborda en un mar de lágrimas. ¿Qué cosa es, si no? Locura juiciosa, amargor que asfixia, dulzor que embriaga. Adiós, primo mío.

BENVOLIO.- Voy contigo, espera; injusto serás si ahora me dejas.

ROMEO.- ¡Bah! Yo no estoy aquí, dulce extravío. Romeo no es este: está en otro sitio.

BENVOLIO.- Habla en serio y dime el sujeto de tu amor.

ROMEO.- ¡Ah! ¿Quieres oírme gemir?

BENVOLIO.- ¿Gemir? No: quiero que digas de verdad quién es.

ROMEO.- Pídele al enfermo que haga últimas voluntades; para quien tanto lo está, es un mal instante. En serio, primo, amo a una mujer.

BENVOLIO.- Ya lo barruntaba cuando supe que amabas.

ROMEO.- Y lo acertasteis: la que amo es hermosa.

BENVOLIO.- Si el blanco es hermoso, en dar en él, ¡será fácil!

ROMEO.- Ahí has fallado: Cupido no la llega con sus flechas; es prudente cual Diana: su casta coraza la protege tanto que del niño Amor no la embruja el arco. No puede asediarla el discurso amoroso, ni cede al ataque de ojos que asaltan, ni desea el oro que tienta hasta a un santo. En belleza es rica y su sola pobreza. está en que, a su muerte, muere su riqueza.

BENVOLIO.- ¿Es que prometió vivir siempre casta?

ROMEO.- Sí, y con ese ahorro todo lo malgasta: matando lo bello por dureza extrema priva de hermosura a la posteridad. Al ser tan esquiva con esa belleza no merece el cielo, pues me desespera. No amar ha jurado, y su juramento a quien te lo cuenta le hace mucho daño.

BENVOLIO.- Hazme caso y bórrala a ella.

ROMEO.- Enséñame a olvidar.

BENVOLIO.- Libera a tus ojos: contempla otras bellezas.

ROMEO.- Así valoraré la suya en mucho más. Esas máscaras negras que acarician el rostro de las bellas nos traen a la mente la belleza que ocultan. Quien ciego ha quedado no olvida el tesoro que sus ojos frustraron. Enséñame una dama que sea muy bella. ¿Qué hace su hermosura, traerme de nuevo a la su belleza supera? Enseñarme a olvidar no puedes. Adiós.

BENVOLIO.- Pues pienso enseñarte o moriré en ello.
(Salen.)

ESCENA II

Calle

*Entran Capuleto, el Conde Paris y el gracioso Criado de
Capuleto.*

CAPULETO.- Montesco está tan obligado como yo, bajo el
mismo dolor. A nuestros años no será difícil, creo yo,
vivir tranquilo.

PARIS.- Ambos gozáis de gran estima y es lástima que lle-
véis enfrentados tanto tiempo. En fin, señor, ¿qué pensáis de este pretendiente?

CAPULETO.- Lo que ya he dicho antes: mi hija nada sabe
de la vida; aún no frisa los catorce. Dejad que muera el
esplendor de dos estíos y habrá madurado para casarse.

PARIS.- Otras más jóvenes ya son madres felices.

CAPULETO.- Quien pronto se casa, pronto se cansa. Mis
otras esperanzas se desvanecieron; ella es la única que
me resta viva. Pero cortejadla, Paris, enamoradla,
que en sus sentimientos ella es la que manda. Una
vez que acepte, daré con presteza mi consentimiento al
que ella prefiera. Esta noche doy mi fiesta de siempre, a
la que vendrá multitud de gente, y todos amigos. Venid
también vos y con toda el alma os acogeremos. En mi
humilde casa esta noche ved estrellas terrenas el cielo
encender. La dicha que siente el joven lozano cuando
abril vistoso muda el débil paso del pasado invierno,
ese mismo goce tendréis en mi casa estando esta noche
entre mozas bellas. Ved y oíd a todas, y entre ellas amad

a quién lo merezca; con todas bien vistas, tal vez al final queráis a la mía, aunque es sólo una más. Venid vos conmigo. *(Al Criado.)* Tú ve por Verona, recorre sus calles, busca a las personas que he anotado aquí; diles que mi casa, si bien les parece, su presencia aguarda. *(Sale con el Conde Paris.)*

CRIADO.- ¡Que busque a las personas que ha apuntado aquí! Ya lo dicen: el zapatero, a su vara; el sastre, a su horma; el pescador, a sus redes, y el pintor, al pincel. Pero a mí me mandan que busque a las personas que ha apuntado, cuando no sé leer los nombres que ha escrito el escribiente. Preguntaré al instruido.

Entran BENVOLIO y ROMEO.- ¡Buena ocasión!

BENVOLIO.- Vamos, calla: un fuego apaga otro fuego; el pesar de otro tu sufrimiento aminora; si estás mareado, gira a contrapelo; la angustia cargante la cura otra pena. Aqueja tu vista con un nuevo mal y el viejo veneno pronto morirá.

ROMEO.- Las cataplasmas son grandes remedios.

BENVOLIO.- Remedios, ¿contra qué!

ROMEO.- Golpe en la espinilla.

BENVOLIO.- Pero, Romeo, ¿tú estás loco?

ROMEO.- Loco, no; más liado que un loco: encarcelado, sin mi alimento, azotado y torturado, y... Buenas tardes, amigo.

CRIADO.- Buenas os dé Dios. Señor, ¿sabéis leer?

ROMEO.- Sí, mi mala suerte en mi adversidad.

CRIADO.- Eso lo habréis aprendido de memoria. Pero, os lo ruego, ¿sabéis leer lo que veáis?

ROMEO.- Si conozco el alfabeto y el idioma, sí.

CRIADO.- Está claro. Quedad con Dios.

ROMEO.- Espera, que sí sé leer. *(Lee el papel.)*

«El *signor* Martino, esposa e hijas. El conde Anselmo y sus bellas hermanas. La viuda del *signor* Vitruvio. El *signor* Piacencio y sus lindas sobrinas. Mercucio y su hermano Valentino. Mi tío Capuleto, esposa a hijas. Mi bella sobrina Rosalina y Livia. El *signor* Valentio y su primo Teobaldo. Lucio y la alegre Elena.» Compañía hermosa. ¿Adónde han de ir?

CRIADO.- Arriba.

ROMEO.- ¿Adónde? ¿A una cena?

CRIADO.- A nuestra casa.

ROMEO.- ¿A casa de quién?

CRIADO.- De mi amo.

ROMEO.- Tenía que haber empezado por aquí.

CRIADO.- Os lo diré sin que preguntéis. Mi amo es el grande y rico Capuleto, y si vos no sois de los Montescos, venid a echar un trago de vino os lo ruego. Quedad con Dios. *(Sale.)*

BENVOLIO.- En el festín tradicional de Capuleto estará tu amada, la bella Rosalina, con las más admiradas bellezas de Verona. Tú ve a la fiesta: con ojo imparcial compárala con otras que te presentaré, y, en lugar de un cisne, un cuervo has de ver.

ROMEO.- Si fuera tan falso el ardor de mis ojos, que mis lágrimas se tornen en llamas, y si se ahogaron, siendo mentirosos, y nunca murieron, cual herejes ardan. ¡Otra más hermosa! Si el sol lo ve todo, su igual nunca ha visto desde la creación.

BENVOLIO.- Te parece bella si no ves a otras: tus ojos con ella misma comparan. Pero si tus ojos hacen de balanza, sopesa a tu amada con cualquier de las otras que pienso mostrarte brillando en la fiesta, y lucirá menos la que ahora te ciega.

ROMEO.- Iré, no por admirar a las otras, sino sólo el esplendor de mi dueña. *(Salen.)*

ESCENA III

En casa de los Capuleto.

Entran la Señora Capuleto y el Ama.

SEÑORA CAPULETO.- Ama, ¿y mi hija? Dile que venga.

AMA.- Sea en mi ayuda mi paciencia de doce años, ¡si la mandé venir! ¡Eh, paloma! ¡Eh, reina! ¡Santo cielo! ¿Dónde está niña? ¡Julieta!

Entra Julieta.

JULIETA.- Hola, ¿quién desea verme?

AMA.- Tu madre.

JULIETA.- Aquí estoy, señora. ¿Qué queréis?

SEÑORA CAPULETO.- Pues se trata... Ama, déjanos un rato; tenemos que hablar a solas... Ama, regresa. Pensándolo bien, creo que es mejor que lo oigas. Sabes que mi hija está en edad de merecer.

AMA.- Me sé su edad hasta en las horas.

SEÑORA CAPULETO.- Aún no tiene los catorce.

AMA.- Me juego catorce de mis dientes (aunque, ¡válgame!, no me quedan más que cuatro) a que no son catorce. ¿Cuánto falta para que acabe julio?

SEÑORA CAPULETO.- Dos semanas y pico.

AMA.- Pues con o sin pico, entre todos los días del año la última noche de julio cumple los catorce. Susana y ella (¡Señor, da paz a las ánimas!) tenían la misma edad. Bueno, Susana está con Dios, era demasiado buena. Como digo, la última noche de julio cumple los catorce, vaya que sí; grabado en mi memoria. Tengo el terremoto de hace ahora once años y, todos los días del año (nunca se me olvidará) ese mismo día la desteté: me había puesto ajenjo en el pecho, ahí sentada al sol, bajo el palomar. El señor y vos estabais en Mantua. (¡qué memoria tengo!). Pero, como digo, en cuanto probó el ajenjo en mi pezón y le supo tan amargo... Angelito, ¡hay que ver qué rabia le dio la teta! De pronto el palomar dice que tiembla; desde luego, no hacía falta avisarme que corriese. Y de eso ya van once años, pues entonces se tenía en pie ella solita. ¡Qué digo! ¡Pero si podía andar y correr! El día antes se partió la ceja, y mi marido (que en paz descanse, siempre alegre) levantó a la niña. «Ajá», le dijo, «¿te caes de bruces? Cuando tengas más seso te caerás boca arriba, ¿a que sí, Julieta?» Y, Virgen santa, la muy pilla paró de llorar y dijo que sí. ¡Pensar que la broma iba a cumplirse! Aunque viva mil años, juro que nunca se me olvidará. «¿A que sí, Julieta?», dice. Y la pobrecilla lloraba y le dice que sí.

SEÑORA CAPULETO.- Ya basta. No sigas, te lo pido.

AMA.- Sí, señora. Pero es que me viene la risa de pensar que lloraba y le dice que sí. Y eso que llevaba en la frente un chichón de grande casi como un huevo de gallina.

JULIETA.- Calla, Ama calla, te lo ruego.

AMA.- ¡Silencio...! He dicho. Dios te dé su gracia; fuiste la criatura más hermosa que crié. Ahora mi único deseo es vivir para verte casada.

SEÑORA CAPULETO.- Pues de casamiento quería yo hablar. Dime, Julieta, hija mía, ¿qué te parece la idea de casarte?

JULIETA.- Es un honor que todavía no he soñado.

AMA.- ¡Un honor! Si yo no fuera tu nodriza, diría que mamaste discreción y sabiduría de mis pechos.

SEÑORA CAPULETO.- Pues piensa ya en ello. Aquí, en Verona, hay damas principales, más jóvenes que tú, que ya son madres. Según mis cuentas, yo te tuve a ti más o menos a la edad que tú tienes ahora. En fin, el gallardo Paris te pretende.

AMA.- ¡Qué hombre, jovencita! Un hombre que el mundo entero... ¡Es la perfección!

SEÑORA CAPULETO.- En la primavera de Verona no hace tal flor.

AMA.- ¡Eso, es una flor, toda una flor!

SEÑORA CAPULETO.- ¿Qué dices? ¿Podrás amar al caballero? Esta noche le verás en nuestra fiesta Si lees la cara de Paris como un libro, verás que la belleza ha escrito en él la dicha. Repasa sus facciones y hallarás que se avienen en armónica unidad, y, si algo de este libro está claro, en el margen de sus ojos va explicado. A este libro de amor, que ahora es tan bello, le falta cubierta para ser perfecto. Si en el mar vive el pez, en todo lo bello gana en contener belleza: hay libros con gloria, pues su hermoso fondo queda bien cerrado con broche de oro. Todas sus virtudes, juntándote a él, también serán tuyas, sin nada perder.

AMA.- Perder, no; ganar: el hombre engorda a la mujer.

SEÑORA CAPULETO.- En suma, ¿crees que a Paris amarás?

JULIETA.- Lo pensaré, si la vista lleva a amar. Pero no dejaré que mis ojos le miren más de lo que vuestro deseo autorice.

Entra un Criado.

CRIADO.- Señora, los convidados ya están; la cena, en la mesa; preguntan por vos y la señorita; en la cocina maldicen al ama, y todo está dispuesto. Yo voy a servir. Os lo ruego, venid enseguida. *(Sale.)*

SEÑORA CAPULETO.- Ahora mismo vamos. Julieta, te espera el conde.

AMA.- ¡Vamos! ¡A gozar los días gozando las noches! *(Salen.)*

ESCENA IV

Calle

Entran Romeo, Mercucio, Benvolio, con cinco o seis máscaras, portadores de antorchas.

ROMEO.- ¿Decimos el discurso de rigor o entramos sin preliminares?

BENVOLIO.- Hoy ya no se estila tanto cumplimiento: nada de Cupido con los ojos vendados llevando por arco una regla pintada y asustando a las damas como un espantajo, ni tímido prólogo que anuncia una entrada dicho de memoria con apuntador. Que nos consideren como quieran. Nosotros aceptemos algún baile y nos vamos.

ROMEO.- Dadme una antorcha, que no estoy para bailes. Como estoy sombrío, llevaré la luz.

MERCUCIO.- No, galante Romeo: debes de bailar.

ROMEO.- No, de veras. Vosotros lleváis calzado de ligera suela, pero yo del suelo no puedo moverme, pues me pesa el alma.

MERCUCIO.- Tú, enamorado, pídele las alas a Cupido y remonta el vuelo más allá de todo salto.

ROMEO.- El vuelo de su flecha me ha herido y como en un nido recién nacido ya no puedo elevarme con sus alas, ni alzarme más alto que mi angustia, y así me hundo bajo el peso que me asfixia.

MERCUCIO.- Para hundirte en amor has de hacer peso: pesada carga para cosa tan ligera.

ROMEO.- ¿Ligero el amor? Es harto grave, harto pesado, áspero y violento, y se clava como dardo.

MERCUCIO.- Si el amor te maltrata, maltrátalo tú: si se clava, lo clavas y lo hundes. Dadme una máscara, que me tape la cara: máscara sobre máscara. ¿Qué me importa ahora que un ojo curioso note imperfecciones?

BENVOLIO.- Vamos, llamad y entrad. Una vez dentro, todos a bailar como puedan.

ROMEO.- Dadme una antorcha. Que la alegre compañía haga cosquillas con sus pies a las esteras, que a mí bien me cuadra el viejo proverbio: bien juega quien mira, y la mejor partida; pero sin jugarla.

MERCUCIO.- Te la juegas, dijo el guardia. Si no juegas, habrá que sacarte; sacarte, con perdón, del fango amoroso en que te hundes. Ven, que la antorcha se apaga.

ROMEO.- No es verdad.

MERCUCIO.- Digo que si tardamos, malgastamos la antorcha, cual si fuese de día. Toma el buen sentido y verás que aciertas cinco veces más que con la tristeza.

ROMEO.- Nosotros al baile venimos por bien, mas no veo el porqué.

MERCUCIO.- ¿Y lo dudas?

ROMEO.- Anoche tuve un sueño.

MERCUCIO.- Y también yo.

ROMEO.- ¿Qué soñaste?

MERCUCIO.- Que los sueños son ficción.

ROMEO.- No, porque durmiendo sueñas la realidad.

MERCUCIO.- Ya veo que te ha visitado la reina Mab, la partera de las hadas. Su cuerpo es tan menudo cual piedra de ágata en el anillo de un regidor. Sobre la nariz de los durmientes seres diminutos tiran de su carro, que es una cáscara vacía de avellana y está hecho por la ardilla carpintera de las hadas. Patas de araña zanquilarga son los radios, alas de saltamontes la capota; los tirantes, de la más sutil telaraña; la collera, de reflejos lunares sobre el agua; la fusta, de hueso de grillo; la cadena, de hebra; el cochero, un mosquito de gris disfrazado, menos de la mitad que un gusanito sacado del dedo perezoso de una chica. Y con tal esplendor recorre en la noche mentes de amantes, que sueñan el amor; rodillas de cortesanos, sueñan reverencias; dedos de abogados, sueñan honorarios; labios de damas, sueñan besos, labios que suele llagar la airada Mab, pues su aliento está manchado por los dulces. A veces galopa sobre la nariz de un cortesano que sueña una posible recompensa; y a veces con un rabo de cerdo por diezmo cosquillea en la nariz al cura dormido, que entonces sueña con otra parroquia. A veces trota sobre el cuello de un soldado que sueña con matanza de bárbaros, brechas, emboscadas, espadas españolas, tragos de vino; y entonces le tamborilea en el oído, lo que le asusta y despierta; y él, sobresaltado, entona oraciones y vuelve a dormirse. Esta es la misma Mab que de noche les trenza la cola a los caballos, y a las desgreñadas les emplasta mechones de pelo, que, desenredados, traen desventuras. Es la bruja que, cuando las doncellas duermen boca arriba, las oprime y les enseña a concebir y a ser mujeres. Es la que...

ROMEO.- ¡Calla, Mercucio, calla! Por favor te lo ruego.

MERCUCIO.- Es verdad: hablo de sueños, que son hijos de una mente perezosa y nacen de la loca fantasía, tan pobre de juicio como el aire y más variable que el viento, que tan pronto galantea al pecho helado del norte como, encolerizado, se aleja resoplando y se vuelve hacia el sur, que destila rocío.

BENVOLIO.- El viento de que hablas nos desvía. La cena terminó y haremos tarde.

ROMEO.- Muy temprano, temo yo, pues presiento que algún accidente todavía oculto en las estrellas iniciará su nefasto curso con la fiesta de esta noche y pondrá fin a esta vida esclava de mi pecho con el ultraje de una muerte adelantada. Pero que Aquel que gobierna mi rumbo guíe mi nave. ¡Adelante amigos míos!

BENVOLIO.- ¡Que redoble el tambor! *(Desfilan por el escenario y salen.)*

ESCENA V

Sala en casa de los Capuleto.

Entran Criados con servilletas.

CRIADO 1º.- ¿Dónde está Perola, que no ayuda a quitar la mesa? ¿Cuándo coge un plato? ¿Cuándo friega un plato?

CRIADO 2º.- Si la cortesía sólo está en las manos de uno o dos solamente, y encima no se las lava, vamos listos.

CRIADO 1º.- Llevaos las banquetas, quitad el aparador, cuidado con la plata. Oye, tú, sé bueno y guárdame un poco de mazapán; y hazme un favor: dile al portero que deje entrar a Susi y a Lena *(Sale el Criado 2º.)* ¡Antonio! ¡Perola! *(Entran otros dos Criados.)*

CRIADO 3º.- Aquí estamos, compañero.

CRIADO 1º.- Te buscan y rebuscan, te llaman y reclaman allá, en el salón.

CRIADO 3º.- No se puede estar aquí y allí. ¡Ánimo, muchachos! Venga alegría, que quien resiste, gana el premio.

CRIADO 2º.- Daos prisa, que el que más tiempo vive, con más se queda. *(Salen.)*

Entran Capuleto, la Señora Capuleto, Julieta, Teobaldo, el Ama, todos los convidados y las máscaras Romeo, Benvolio y Mercucio.

CAPULETO.- ¡Bienvenidos, señores! Las damas de pies ligeros querrán echar un baile con vosotros. ¡Vamos, señoras! ¿Quién de vosotras se resiste a bailar? La que haga remilgos juraré que tiene callos. ¿A que he acertado? ¡Bienvenidos, señores! Hubo un tiempo en que yo me ponía el antifaz y musitaba palabras amorosas al oído de una bella. Pero aquello ya es historia. Bienvenidos, señores. ¡Músicos, a tocar! ¡Haced sitio, despejad! ¡Muchachas, a bailar! *(Suena la música y bailan.)* ¡Más luz, bribones! Desmontad las mesas y apagad el fuego, que da mucho calor Oye, ¡qué suerte la visita inesperada! Vamos, siéntate, primo Capuleto, que nuestra época de bailes ya pasó. ¿Cuánto tiempo hace que estuvimos en una mascarada?

PRIMO DE CAPULETO.- ¡Virgen santa! Treinta años.

CAPULETO.- ¡Qué va! No tanto, no tanto. Fue cuando la boda de Lucencio: en Pentecostés hará unos veinticinco años. Esa fue la última vez que nos disfrazamos.

PRIMO DE CAPULETO.- Hace más, hace más: tu hijo es mayor; tiene treinta años.

CAPULETO.- ¿Me lo vas a decir tú? Hace dos años era aún menor de edad.

ROMEO.- *(a un Criado)* ¿Quién es la dama cuya mano enaltece a ese galán con tal tesoro?

CRIADO.- No lo sé, señor.

ROMEO.- ¡Ah, cómo enseña a brillar a las antorchas! En el rostro de la noche es cual la joya que en la oreja de una etíope refulge... No se hizo para el mundo tal belleza.

Esa dama es diferente de las otras como de los cuervos la blanca paloma. Me acercaré cuando hayan bailado y seré feliz si le toco la mano. ¿Supe qué es amor? Ojos, desmentidlo, pues nunca hasta ahora había visto la belleza.

TEOBALDO.- Por su voz, este es un Montesco. *(Al Criado.)* Muchacho, tráeme mi estoque. ¿Cómo se atreve a venir aquí el infame con este antifaz grotesco, de fiesta tan solemne? Por mi cuna y la honra de mi estirpe, que matarle no puede ser pecado.

CAPULETO.- ¿Qué pasa, sobrino? ¿Por qué te irritas?

TEOBALDO.- Tío, ese es un Montesco, nuestro enemigo: un villano que viene ex profeso a burlarse de la celebración.

CAPULETO.- ¿No es el joven Romeo?

TEOBALDO.- ¡El mismo: el miserable de Romeo!

CAPULETO.- Cálmate, sobrino; déjale en paz: se porta como un digno caballero y, a decir verdad, Verona habla con orgullo de su nobleza y cortesía. Ni por todo el oro de nuestra ciudad le ofendería yo aquí, en mi casa. Así que calma, y no le hagas caso. Es mi voluntad, y si la respetas, muéstrate amable y muda de aspecto, pues no se aviene con una fiesta.

TEOBALDO.- Se aviene bien si el convidado es un infame. ¡No pienso tolerarlo!

CAPULETO.- Vas a tolerarlo. Óyeme, joven don nadie: vas a tolerarlo, ¡no faltaba más! ¿Quién manda aquí, tú o yo? ¡Pues sí! ¿No vas a tolerarlo? Favor del cielo, ¿vas armar jaleo aquí, en mi fiesta? ¡Tú estás desquiciado! ¿Tú vas a hacerte el valiente?

TEOBALDO.- Pero, tío, ¡es una deshonra!

CAPULETO.- ¡Conque sí! ¡Serás descarado! ¡Conque una deshonra! Este juego tuyo te puede costar caro, yo te lo digo. ¿Llevarme la contraria? Ya está bien ¡Magnífico, amigos! ¡Descarado! Vete, cállate o... ¡Más luz, más luz! Te juro que te haré callar ¡A bailar, a bailar!

TEOBALDO.- Calmarme a la fuerza y estar indignado me ha descompuesto, al ser tan contrarios. Ahora me retiro, pero esta intrusión, ahora tan grata, traerá desgracia. *(Sale.)*

ROMEO.- *(Cogiendo la mano de Julieta.)* Si con mi mano indigna he profanado tu santa efigie, sólo peco en eso: mi boca, peregrino avergonzado, suavizará el contacto con un beso.

JULIETA.- Buen peregrino, no te regañes tanto a tu mano un fervor tan verdadero: si juntan manos peregrino y santo, palma con palma es beso de palmero.

ROMEO.- ¿Ni santos ni palmeros poseen boca?

JULIETA.- Sí, peregrino: para el rezo.

ROMEO.- Entonces, santa, mi oración te invoca: suplico un beso por mi salvación.

JULIETA.- Los santos están quietos cuando suplican.

ROMEO.- Pues, quieta, y tomaré lo que concedan. *(La besa.)* Mi pecado en tu boca se ha expiado.

JULIETA.- Pecado que en mi boca quedaría.

ROMEO.- Repruebas con dulzura. ¿Mi pecado? ¡Devuélvemelo! *(Vuelve a besarla.)*

JULIETA.- Besáis con devoción.

AMA.- Julieta, tu madre quiere hablarte.

ROMEO.- ¿Quién es su madre?

AMA.- Pero, ¡joven! Su madre es la señora de la casa, y es muy buena, prudente y virtuosa. Yo crié a su hija, con la que ahora hablabais. Os digo que quien la gane, conocerá el beneficio que comporta.

ROMEO.- ¿Es una Capuleto? ¡Cara amada! Con mi enemigo mi vida está empeñada.

BENVOLIO.- Vámonos, que lo bueno poco dura.

ROMEO.- Sí, es lo que me temo, y me inquieta.

CAPULETO.- Pero, caballeros, no queráis iros ya. Nos espera un humilde refrigerio. *(Le hablan al oído.)* ¿Ah, sí? Entonces, gracias a todos. Gracias, buenos caballeros, buenas noches. ¡Más antorchas aquí, vamos! Después, a acostarse. Oye, ¡qué tarde se está haciendo! Me voy a descansar. *(Salen todos menos Julieta y el Ama.)*

JULIETA.- Ven aquí, ama. ¿Quién es ese caballero?

AMA.- El hijo y heredero del viejo Tiberio.

JULIETA.- ¿Y quién es el que se va ahora?

AMA.- Pues creo que es el joven Petrucio.

JULIETA.- ¿Y el que le sigue, el que no bailaba?

AMA.- No sé. No lo conozco.

JULIETA.- Pregunta quién es. Si ya tiene esposa, la tumba sería mi lecho de bodas.

AMA.- Se llama Romeo y es un Montesco: el único hijo de tu gran enemigo.

JULIETA.- ¡Mi pasión ha nacido de mi único odio! Muy breve le he visto y tarde le conozco. Fatal nacimiento de amor habrá sido si tengo que amar al enemigo odiado.

AMA.- ¿Qué dices? ¿Qué dices?

JULIETA.- ¡Unos versos que he aprendido del caballero con quien he bailado!

Llaman a Julieta desde dentro. ¡Julieta!

AMA.- ¡Ya va! ¡Ya va! Vamos, los convidados ya se han ido. *(Salen.)*

ACTO II

Entra el Coro.

CORO.- *Ahora yace muerto el viejo amor y el joven heredero ya aparece. La bella que causaba tal pasión al lado de Julieta desmerece. Romeo ya es amado y es amante: los ha unido un hechizo en la mirada. Él es de su enemiga suplicante y ella roba a ese anzuelo cebos de amor. Él no puede jurarle su arrebato, pues en la otra casa es rechazado, y su amada no tiene la ocasión de verse en un lugar con su adorado. Mas la pasión encuentros les procura, templando ese rigor con la dulzura. (Sale.)*

ESCENA I

Una callejuela de Verona junto a las tapias del jardín de Capuleto.

Entra Romeo solo.

ROMEO.- ¿Cómo sigo adelante, si mi amor está aquí? Vuelve, triste barro, y busca tu centro. *(Escala la tapia y salta dentro.)*

Entran Benvolio y Mercucio.

BENVOLIO.- ¡Romeo! ¡Primo Romeo! ¿Dónde estás?

MERCUCIO.- Es muy sensato y por mi vida, que, por irse a acostar, se ha ido.

BENVOLIO.- Vino corriendo por aquí y saltó la tapia de este huerto. Llámale, Mercucio.

MERCUCIO.- ¡Romeo! ¡Antojos! ¡Locuelo! ¡Delirios! ¡Prendado! Aparece en forma de suspiro. Recita un verso y me quedo satisfecho. Exclama «¡Ay de mí!», rima «amor» con «flor», di una bella palabra a la comadre Venus y ponle un apodo al ciego de su hijo, Adán Cupido*, cuyo dardo certero hizo al rey Cofetua amar a la mendiga. Ni oye, ni se agita, ni se mueve: el pobre se ha muerto; haré un conjuro. Conjúrote por los ojos claros de tu Rosalina, por su alta frente y sus bermejos labios, su lindo pie, firme pierna, trémulo muslo y todas las comarcas adyacentes, que ante nosotros aparezcas en persona.

BENVOLIO.- Como te oiga, se enfadará.

MERCUCIO.- Imposible. Se enfadaría si yo hiciese penetrar un espíritu extraño en el cerco de su amada, dejándolo erecto hasta que se escurriese y esfumase. Eso sí rencor le causaría. Mi invocación es justa y honesta: en nombre de su amada yo sólo le conjuro que aparezca.

BENVOLIO.- Ven, que se ha escondido entre estos árboles, en alianza con la triste noche. Ciego es su amor, y lo oscuro, su lugar.

MERCUCIO.- Si el amor es ciego, no puede acertar. Romeo está sentado al pie de un árbol deseando que su amada fuese el apetitoso fruto que las mozas, entre risas, llaman higo. ¡Ah, Romeo, si ella fuese, ah, si fuese un higo abierto y tú una dulce pera! Romeo, buenas noches. Me voy a mi camita, que dormir al raso es harto frío. Ven, ¿nos vamos?

BENVOLIO.- Vámonos, pues es inútil buscar a quien no quiere ser hallado. *(Salen.)*

---

* Alusión a Adán Bell, famoso arquero de la época.

ESCENA II

El mismo lugar. El jardín de Capuleto.

Entra Romeo

ROMEO.- *(Adelantándose.)* Se ríe de las heridas quien no las ha sufrido. Pero, alto. ¿Qué luz alumbra esa ventana? Es el Oriente, y Julieta, el Sol. Sal, bello sol, y mata a la luna veleidosa, que está enferma y pálida de aflicción porque tú, que la sirves, eres más hermoso. Si es tan envidiosa, no seas su sirviente. Su ropa de vestal es de un verde apagado que sólo llevan los bufones ¡Tírala! *(Entra Julieta arriba, en el balcón)* ¡Ah, es mi dama, es mi amor! ¡Ojalá lo supiera! Mueve los labios, mas no habla. ¡Tanto da! Hablan sus ojos; voy a responderles. ¡Qué presumido! No me habla a mí. Dos de las estrellas más hermosas del cielo tenían que ausentarse y han rogado a sus ojos que brillen en su puesto hasta que vuelvan. ¿Y si sus ojos se cambiasen con ellas? El vivo resplandor de su mejilla les haría retirarse, como la luz del día a una lámpara; y sus ojos lucirían en el cielo tan brillantes y, al no haber noche, los pájaros cantarán. ¡Ved cómo apoya la mejilla en la mano! ¡Ah, quién fuera el guante de su mano por poder tocar su rostro!

JULIETA.- ¡Ay de mí!

ROMEO.- Ha hablado. ¡Ah, sigue hablando, esplendoroso ángel, pues, en tu altura, a la noche le das tanto esplendor como el alado mensajero de los cielos ante los ojos en blanco y extasiados de mortales que alzan la mirada cuando cabalga sobre nube indolente y navega por el seno de los aires!

JULIETA.- ¡Ah, Romeo, Romeo! ¿Por qué eres Romeo? Niega a tu padre y rechaza tu nombre, o, si no, júrame tu amor y dejaré de ser yo una Capuleto.

ROMEO.- *(Aparte.)* ¿La sigo escuchando o le hablo ya?

JULIETA.- Mi único enemigo es tu nombre. Tú eres tú, aunque seas un Montesco. ¿Qué es «Montesco»? Ni mano, ni pie, ni brazo, ni cara, ni parte del cuerpo. ¡Ah, búscate otro nombre! ¿Qué tiene un nombre? Lo que llamamos rosa sería tan fragante con cualquier otro. Si Romeo no se llamase Romeo, conservaría su propia perfección sin ese nombre. Romeo, quítate el nombre y, a cambio de él, que es parte de ti, ¡tómame a mí toda!

ROMEO.- Te cojo la palabra. Llámame «amor» y de nuevo bautizado: desde hoy nunca más seré Romeo.

JULIETA.- ¿Quién eres tú, que te ocultas en la noche e irrumpes en mis íntimos secretos?

ROMEO.- Con un nombre no sé decirte quién soy. Mi nombre, santa mía, me es odioso porque sé que es enemigo tuyo. Si estuviera escrito, rasgaría tal palabra.

JULIETA.- Mis oídos apenas han sorbido cien palabras de tu boca y ya te conozco por la voz. ¿No eres Romeo, y además Montesco?

ROMEO.- No, bella mía, no seré ni lo uno ni lo otro.

JULIETA.- Dime, ¿cómo has llegado hasta aquí y para qué? Las tapias de este jardín son muy altas y, siendo quien eres, el lugar será tu muerte si alguno de mis parientes te descubre.

ROMEO.- Con las alas del amor salté la tapia, pues para el amor no hay muro de piedra, y, como el amor lo que puede siempre se atreve, los tuyos nada pueden contra mí.

JULIETA.- Si te ven aquí, te matarán.

ROMEO.- ¡Ah! Más peligro hay en tus ojos que en veinte espadas suyas. Mírame con ternura y quedo a salvo de su hostilidad.

JULIETA.- Por nada del mundo quisiera que te viesen.

ROMEO.- Me esconde el manto de la noche y, si no me quieres, que me encuentren: mejor que mi vida acabe por su odio que ver cómo se arrastra sin tu amor.

JULIETA.- ¿Quién te dijo dónde podías hallarme?

ROMEO.- El amor, que me espoleó a preguntar. Él me aconsejó; yo mis ojos le presté. No soy piloto, pero, aunque tú estuvieras lejos, en la orilla más lejana de los mares más remotos, levaría anclas tras un tesoro como tú.

JULIETA.- La noche me oculta con su velo; si no, el rubor virginal teñiría mis mejillas por lo que antes me has oído confesar. ¡Cuánto me gustaría seguir las reglas, negar lo dicho! Pero, ¡adiós al recato! ¿Me amas? Sé que dirás que sí y te creeré. Si jurases, podrías ser perjuro: dicen que Júpiter se ríe de los perjurios de amantes. ¡Ah, gentil Romeo! Si me quieres, confiésalo de buena fe. O, si crees que soy tan fácil, me pondré extraña y dura, y diré no, con tal que me enamores, y no más que por ti. Mas confía en mí: demostraré ser más fiel que las que saben fingirse lejanas. Reconozco que habría sido más esquiva si tú, a escondidas, no hubieras oído mi confesión de amor. Así que, perdóname y no juzgues ligereza esta entrega que la oscuridad de la noche te ha revelado.

ROMEO.- Juro por esa luna santa que platea las copas de estos árboles frutales…

JULIETA.- Ah, no jures por la luna, esa voluble que cada mes cambia en su esfera, no sea que tu amor resulte tan versátil.

ROMEO.- ¿Por quién voy a jurar?

JULIETA.- No jures; o, si lo haces, jura por tu ser gentil, que es el dios de mi idolatría, y te creeré, a pies juntillas.

ROMEO.- Si el caro amor de mi pecho…

JULIETA.- No jures. Aunque me llene de alegría, no me contenta nuestro contrato de esta noche: demasiado brusco, imprudente, repentino, igual que el relámpago, que desaparece antes de poder nombrarlo. Amor, buenas noches. Con el aliento del verano, este botón amoroso puede dar bella flor cuando volvamos a vernos. Adiós. ¡Buenas noches! Que el dulce descanso se aloje en tu pecho igual que en mi espíritu.

ROMEO.- ¿Y me dejas tan insatisfecho?

JULIETA.- ¿Qué satisfacción aguardas esta noche?

ROMEO.- La de jurarnos de nuevo nuestro amor.

JULIETA.- El mío te lo di sin que lo pidieras; ojalá te lo pudiese dar otra vez.

ROMEO.- ¿Te lo llevarías? ¿Para qué, mi amor?

JULIETA.- Para ser generosa y volvértelo a dar. Y, sin embargo, quiero lo que tengo. Mi generosidad es inmensa como el mar, mi amor, tan profundo; cuanto más te doy, más tengo, pues los dos son infinitos. *(Llama el Ama dentro.)* Oigo voces dentro. ¡Adiós, mi amor! ¡Ya voy, ama! Adorado Montesco, seme fiel. Espera un momento, vuelvo enseguida. *(Sale.)*

ROMEO.- ¡Ah, santa, santa noche! Tengo miedo que, siendo de noche, todo sea un sueño, harto halagador para ser verdad. *(Entra Julieta arriba.)*

JULIETA.- Unas palabras, Romeo, y luego buenas noches. Si tu ánimo amoroso es honrado y tu fin, el matrimonio, házmelo saber mañana (yo te enviaré un mensajero) dónde y cuándo será la ceremonia y pondré a tus pies toda mi suerte y te seguiré, mi dueño, por todo el universo.

AMA.- *(Adentro.)* ¡Julieta!

JULIETA.- ¡Ya voy! Mas, si no es buena tu intención, te lo ruego...

AMA.- *(Adentro.)* ¡Julieta!

JULIETA.- ¡Voy ahora mismo! ..abandona tu empeño y déjame con mi pena. Mañana lo dirás.

ROMEO.- ¡Así se salve mi alma...!

JULIETA.- ¡Mil veces buenas noches! *(Sale.)*

ROMEO.- Mil veces malas, pues falta tu luz. El amor corre al amor como el niño huye del libro y, cual niño que va a clase, se retira con mohín. *(Vuelve a entrar Julieta arriba.)*

JULIETA.- ¡Silencio, Romeo, Silencio! ¡Ah, quién fuera cetrero por llamar a este halcón peregrino! Mas el cautivo habla bajo, no puede gritar; si no, yo haría estallar la cueva de Eco y dejaría su voz más ronca que la mía repitiendo el nombre de Romeo.

ROMEO.- Mi alma me llama por mi nombre. ¡Qué dulce repicar de campanas las voces de amantes en la noche, igual que la música suave al oído!

JULIETA.- ¡Romeo!

ROMEO.- ¡Mi amor!

JULIETA.- Mañana, ¿a qué hora te envío el mensajero?

ROMEO.- A las nueve.

JULIETA.- Allá estará. ¡Es como si faltaran veinte años! No me acuerdo por qué te hice volver.

ROMEO.- Deja que me quede hasta que te acuerdes.

JULIETA.- Lo olvidaré para tenerte ahí delante, recordando adorar tu compañía.

ROMEO.- Y yo me quedaré para que flojee tu memoria, olvidándome de cualquier otro hogar.

JULIETA.- Es casi de día. Te dejaría marchar, pero no más allá que el pajarillo, que, cual preso sujeto con grilletes, la niña mimada deja saltar de su mano para recobrarlo con hilo de seda, amante celosa de su libertad.

ROMEO.- ¡Ojalá fuera yo el pajarillo!

JULIETA.- Ojalá lo fueras, mi amor, pero te mataría de cariño. ¡Ah, buenas noches! Partir es tan dulce sufrimiento que diré « buenas noches » hasta que llegue la aurora. *(Sale.)*

ROMEO.- ¡More el sueño en tus ojos, y la paz en tu ánimo! ¡Quién fuera sueño y paz, para tal descanso! A mi buen confesor en su celda he de verle por pedirle su ayuda y contarle mi ventura. *(Sale.)*

ESCENA III

El mismo lugar. La celda de Fray Lorenzo.

Entra Fray Lorenzo solo, con una cesta.

FRAY LORENZO.- Sonríe a la noche la claridad del alba, rayando las nubes con tornasoles. Las sombras se alejan como el que va bebido, cediendo al día y al carro de Helio Antes que el sol abra su ojo ardiente, que alegra el día y seca el rocío, tengo que llenar esta cesta de mimbre de venenosas hierbas y flores que auxilien. La tierra es madre y tumba de natura, pues siempre da vida en donde entierra: nacen de su vientre muy diversos hijos que toman sustento del seno materno. Por grandes virtudes muchos sobresalen; ninguno sin una y todos dispares. Grande es el poder curativo que guardan las hierbas y piedras y todas las plantas. Pues no hay nada tan despreciable en la tierra que algún beneficio nunca le devuelva, ni nada tan bueno que, al verse forzado, no vicie su ser y se aplique al daño. La virtud es vicio cuando sufre abuso y a veces el vicio puede dar buen fruto.

Entra Romeo

Bajo la envoltura de esta tierna flor convive la ponzoña con la curación, porque, si la olemos, al cuerpo recobra, mas, si la probamos, suspende el sentido. En el hombre acampan, igual que en las hierbas, virtud y pasión, dos reyes en pugna; y, siempre que el malo sea el que aventaja, muy pronto el gusano devora esa planta.

ROMEO.- Buenos días nos dé Dios, padre.

FRAY LORENZO.- ¡Bendiciones! ¿Qué voz tan halagadora saluda tan pronto? Hijo, despedirse del lecho a estas horas dice que a tu mente algo la revuelve. La preocupación a los ancianos desvela y donde se aloja, no reside el sueño; mas donde la juventud franca y exenta extiende sus miembros, el sueño gobierna. Si hoy madrugas, me inclino a pensar que te ha levantado alguna ansiedad. O, si no, y entonces seguro que acierto, esta noche no se ha acostado Romeo.

ROMEO.- Habéis acertado, pero fue una dicha.

FRAY LORENZO.- ¡Dios perdone el pecado! ¿Viste a Rosalina?

ROMEO.- ¿Cómo Rosalina? No, buen padre, no. Se borró ese nombre y el pesar que me dio.

FRAY LORENZO.- Bien hecho, hijo mío. Pues, ¿dónde has estado?

ROMEO.- Dejad que os lo diga sin utilizar preámbulos. He ido a la fiesta del que es mi enemigo, donde alguien de pronto me ha dejado herido, y yo he herido a alguien. Nuestra curación está en vuestra mano y santa labor. No me mueve el odio, padre, pues mi ruego para mi enemigo también es benévolo.

FRAY LORENZO.- Habla claro, hijo: confesión de enigmas solamente trae confusa absolución.

ROMEO.- Escuchad: la amada que llena mi corazón es la bella hija del gran Capuleto. Le he dado mi alma, y ella a mí la suya; ya estamos unidos, además lo que una vuestro sacramento. Dónde, cómo y cuándo la vi, cortejé, y juramos amarnos, os lo diré de camino; lo que os ruego es que accedáis a casarnos hoy mismo.

FRAY LORENZO.- ¡Por San Francisco bendito, qué mudanza! ¿Así a Rosalina, amor de tu alma, ya has abandonado? El joven amor sólo está en los ojos, no en el corazón. ¡Jesús y María! Por tu Rosalina bañó un océano tus mejillas pálidas. ¡Cuánta agua salada has malgastado en vano, aderezando amor, para no gustarlo! Aún no ha desvanecido el sol tus suspiros, y todavía tus lamentos suenan en mi oído. Aquí, en la mejilla, te queda la huella de una antigua lágrima aún no limpiada. Si eras tú mismo, y tanto sufrías, tú y tus penas fueron para Rosalina. ¿Y ahora has mudado? Pues dice la sentencia: «Que engañe mujer si el hombre flaquea.»

ROMEO.- Me regañabais por amar a Rosalina.

FRAY LORENZO.- Mas no por tu amor: por tu idolatría.

ROMEO.- Queríais que sepultase el amor.

FRAY LORENZO.- No pretendas meterlo en la tumba y tener otro fuera.

ROMEO.- No me censuréis. La que amo ahora con amor me paga y su favor me concede. La otra lo negaba.

FRAY LORENZO.- Te oía muy bien declamar amores sin saber leer Pero ven, voluble, ven ahora conmigo; para darte ayuda hay un buen motivo: en vuestras familias servirá la unión para que ese odio se troque en amor.

ROMEO.- Hay que darse prisa. Vámonos ya, venga.

FRAY LORENZO.- Prudente y despacio.

Quien corre, tropieza.

(Salen.)

ESCENA IV

El mismo lugar. Una calle.

Entran Benvolio y Mercucio.

MERCUCIO.- ¿Dónde diablos puede estar Romeo? Anoche, ¿no volvió a casa?

BENVOLIO.- No a la de su padre, según dijo un criado.

MERCUCIO.- Esa moza pálida y cruel, esa Rosalina, le va a volver loco de tanto sufrimiento.

BENVOLIO.- Teobaldo, sobrino del viejo Capuleto, ha enviado una carta a casa de su padre.

MERCUCIO.- ¡Un cartel de desafío, seguro!

BENVOLIO.- Romeo responderá.

MERCUCIO.- Quien sabe escribir puede responder una carta.

BENVOLIO.- No, responderá al que la escribe: el desafiado desafiará.

MERCUCIO.- ¡Ah, pobre Romeo! Él, que ya está muerto, traspasado por los ojos negros de una moza blanca, el oído atravesado por una canción de amor, el centro del corazón partido por la flecha del niño ciego. ¿Y él va a enfrentarse a Teobaldo?

BENVOLIO.- Pues, ¿qué tiene Teobaldo?

MERCUCIO.- Es príncipe de los gatos, pero más. Es todo un artista del ceremonial: combate como quien canta las notas, respetando tiempo, distancia y medida; observando las pausas, una, dos y la tercera en el pecho; perforándote el botón de la camisa; un duelista, un duelista. Caballero de primer orden, de la causa primera y segunda Ah, el fatal *passato*, el *punto reverso*, el *hai.**

BENVOLIO.- ¿El qué?

---

* Lances de la esgrima de la época.

MERCUCIO.- ¡Mala peste a estos afectados, a estos rela-
midos y a su nuevo acento! «¡Jesús, qué buena espada!
¡Qué hombre más gallardo! ¡Qué buena mujer!» ¿No es
triste, amigo, tener que sufrir a estas moscas foráneas,
estos novedosos, estos «excusadme», tan metidos en su
nuevo disfraz que ya no se acuerdan de los viejos há-
bitos? ¡Ah, su cuerpo, su cuerpo!
Entra Romeo.

BENVOLIO.- Aquí está Romeo, aquí está Romeo.

MERCUCIO.- Sin su Romea y como un arenque ahumado.
¡Ah, carne, carne, te has vuelto pescado! Ahora está para
los versos en los que fluía Petrarca. Al lado de su amada,
Laura fue una lavandera (y eso que su amado sí sabía
cantarla); Dido, una pelandusca; Cleopatra, una gitana;
Helena y Hero, pencos y pendones; Tisbe, con sus ojos
gayos, no tenía nada que hacer. *Signor* Romeo, *bon-
jour:* saludo francés a tu calzón francés. Anoche nos lo
diste bien.

ROMEO.- Buenos días a los dos. ¿Qué os di yo anoche?

MERCUCIO.- El esquinazo. ¿Es que no comprendes?

ROMEO.- Perdona, buen Mercucio. Mi asunto era importante, y en un caso así se puede faltar la cortesía.

MERCUCIO.- Eso es como decir que en un caso como el
tuyo se deben doblar las corvas.

ROMEO.- ¿Hacer una reverencia?

MERCUCIO.- La has interpretado a maravilla.

ROMEO.- ¡Qué exposición tan cortés!

MERCUCIO.- Es que soy el no va más de la cortesía.

ROMEO.- ¿De la cortesía?

MERCUCIO.- Exacto.

ROMEO.- No, eres el no va más, y sin la cortesía.

MERCUCIO.- ¡Qué ingenio! Sígueme la broma hasta des-
trozar el zapato, que, cuando suelen gastarse las suelas,

te quedas desollado por el pie.

ROMEO.- ¡Ah, broma descalza, que ya no "con...suela"!

MERCUCIO.- Sepáranos, Benvolio: me flaquea el sentido.

ROMEO.- Espolea, espolea o te gano.

MERCUCIO.- Si hacemos carrera de gansos, pierdo yo, que tú eres más ganso con un solo sentido que yo con mis cinco. ¿Estamos empatados en lo de «ganso»?

ROMEO.- Empatados, no. En lo de «ganso» estamos engansados.

MERCUCIO.- Te voy a morder la oreja por esa.

ROMEO.- Ganso que chilla no muerde.

MERCUCIO.- Tu ingenio es una manzana amarga, una salsa picante demasiado fuerte.

ROMEO.- ¿Y no da sabor a un buen ganso?

MERCUCIO.- ¡Vaya ingenio de cabritilla, que de una pulgada se estira a una vara de ancho!

ROMEO.- Yo lo estiro para demostrar que a lo ancho y a lo largo eres un enorme ganso.

MERCUCIO.- ¿A que más vale esto que gemir de amor? Ahora eres sociable, ahora eres Romeo, ahora eres quien eres, por arte y por naturaleza, pues ese amor babeante es como un bobo que va de un lado a otro con la lengua fuera para meter su bastón en un hoyo.*

BENVOLIO.- ¡Para, para!

MERCUCIO.- Tú quieres que pare mi asunto a contrapelo.

BENVOLIO.- Si no, tu asunto se habría alargado.

MERCUCIO.- Te equivocas: se habría acortado, porque ya había llegado al fondo del asunto y no pensaba seguir con la cuestión.

ROMEO.- ¡Aquí llega algo bueno! *(Entran el Ama y su criado Pedro.)* ¡Velero a la vista!

---

* Simbología de Shakespeare muy erótica.

MERCUCIO.- Dos, dos: camisa y camisón.

AMA.- ¡Pedro!

PEDRO.- Voy.

AMA.- Mi abanico, Pedro.

MERCUCIO.- Para ocultarle la cara, Pedro: el abanico es más bonito.

AMA.- Buenos días, caballeros.

MERCUCIO.- Buenas tardes, noble dama.

AMA.- ¿Buenas tardes ya?

MERCUCIO.- Sí, de veras, pues el indecente reloj está clavado en la raya de las doce.

AMA.- ¡Fuera! ¿Qué hombre sois?

ROMEO.- Señora, uno creado por Dios para que se arruine solo.

AMA.- Muy bien dicho, vaya que sí. «Para que se arruine solo», bien. Señores, ¿puede decirme alguno dónde encontrar al joven Romeo?

ROMEO.- Yo puedo, pero, cuando le halléis, el joven Romeo será menos joven de lo que era cuando le buscabais: yo soy el más joven con ese nombre a falta de otro peor.

AMA.- Muy bien.

MERCUCIO.- ¡Ah! ¿Está bien ser el peor? ¡Qué agudeza! Muy acertada, muy acertada.

AMA.- Si sois vos, señor, deseo hablaros de algo reservado.

BENVOLIO.- Le invitará a cenar.

MERCUCIO.- ¡Alcahueta, alcahueta! ¡Oh, oh...!

ROMEO.- ¿Has visto una liebre?

MERCUCIO.- Una liebre, no: tal vez un conejo viejo y pellejo para un pastel de Cuaresma.

(Anda alrededor de ellos cantando.)
Conejo viejo y pellejo,
conejo pellejo y viejo

es buena carne en Cuaresma.*
Pero conejo pasado
ya no puede ser gozado
si se acartona y reseca.

Romeo, ¿vienes a casa de tu padre? Comemos allí.

ROMEO.- Ahora, voy detrás.

MERCUCIO.- Adiós, vieja señora. Adiós, señora, señora, señora. *(Salen Mercucio y Benvolio.)*

AMA.- Decidme, señor. ¿Quién es ese charlatán tan lleno de groserías?

ROMEO.- Un caballero, ama, al que le encanta escucharse y que habla más en un minuto de lo que oye en un mes.

AMA.- Como diga algo contra mí, le doy en lo más alto, por muy robusto que sea, él o veinte como él. Y, si yo no puedo, ya encontraré quien lo haga. ¡Miserable! Yo no soy una de sus ninfas, una de sus golfas. *(Se vuelve a su criado Pedro.)* ¡Y tú delante, permitiendo que un granuja me trate a su placer!

PEDRO.- Yo no vi que nadie os tratara a su placer. Si no, habría sacado el arma al instante. De verdad: soy tan rápido en sacar como el primero si veo una buena razón para luchar y tengo la ley de mi parte.

AMA.- Dios santo, estoy tan irritada que me tiembla todo el cuerpo. ¡Miserable! Deseo hablaros, señor. Como os decía, mi señorita me manda buscaros. El mensaje me lo guardo. Primero, permitid que os diga que si, como suele decirse, pensáis tenderle un lazo, sería juego sucio. Pues ella es muy joven y, si la engañáis, sería una mala pasada con cualquier mujer, una acción muy sucia.

ROMEO.- Ama, encomiéndame a tu dama y señora. Declaro solemnemente...

---

* En aquella época, se podía comer conejo o pollo durante la Cuaresma.

AMA.- ¡Dios os bendiga! Voy a decírselo. Señor, Señor, ¡se pondrá tan contenta!

ROMEO.- ¿Qué vas a decirle, ama? No has entendido.

AMA.- Le diré, señor, que os declaráis, y que eso es proposición de caballero.

ROMEO.- Dile que vea la forma de acudir esta tarde a confesarse, y allí, en la celda de Fray Lorenzo, se confesará y casará. Toma, por la molestia.

AMA.- No, de veras, señor. Ni un centavo.

ROMEO.- Vamos, toma.

AMA.- ¿Esta tarde, señor? Pues allí estará.

ROMEO.- Ama, espera tras la tapia del convento. A esa hora estará contigo mi criado y te dará la escalera de cuerda que en la noche secreta ha de llevarme a la cumbre más alta de mi dicha. Adiós, guarda silencio y serás recompensada. Adiós, encomiéndame a tu dueña.

AMA.- ¡Que el Dios del cielo os bendiga! Aguardad, señor.

ROMEO.- ¿Qué deseáis, mi buena ama?

AMA.- ¿Vuestro criado es discreto? Lo habréis oído: «Dos guardan secreto si uno lo ignora.»

ROMEO.- Descuida: mi criado es tan fiel como el acero.

AMA.- Pues mi señorita es la dama más dulce... ¡Señor, Señor! ¡Tan parlanchina de niña! Ah, hay un noble en la ciudad, un tal Paris, que le tiene puesto el ojo, pero ella, Dios la bendiga, antes que verle a él prefiere ver un sapo, un sapo de verdad. Yo a veces la irrito diciéndole que Paris es el más apuesto, pero, de veras, cuando se lo digo, se pone más pálida que una sábana. ¿A que «romero» y «Romeo» empiezan con la misma letra?

ROMEO.- Sí, ama, con una erre. ¿Qué pasa?

AMA.- ¡Ah, guasón! «Erre» es lo que hace el perro. Con erre empieza la... No, que empieza con otra letra. Ella ha hecho una frase preciosa sobre vos y el romero; os daría gusto oírla.

ROMEO.- Encomiéndame a tu señora.

AMA.- Sí, mil veces. *(Sale Romeo.)* ¡Pedro!

PEDRO.- ¡Voy!

AMA.- Delante y deprisa. *(Salen.)*

ESCENA V

Jardín de los Capuleto.

Entra Julieta.

JULIETA.- El reloj daba las nueve cuando mandé al ama; prometió volver en media hora. Tal vez no lo encuentra; no, imposible. Es que anda despacio. El amor debiera anunciarlo el pensamiento, diez veces más rápido que un rayo de sol ahuyentando las sombras de los tenebrosos montes. Por eso llevan a Venus veloces palomas y Cupido tiene alas. El sol está ahora en la más alta cima del día; de las nueve a las doce van tres largas horas, y aún no ha vuelto. Si tuviera sentimientos y sangre de joven, sería más veloz que una pelota: mis palabras la enviarían a mi amado, y las suyas me la devolverían. Pero estos viejos... Muchos se hacen el muerto; torpes, lentos, pesados y más pesados que el plomo. *(Entra el Ama con Pedro.)* ¡Dios santo, es ella! Ama, mi vida, ¿qué hay? ¿Le has visto? Despide al criado.

AMA.- Pedro, aguarda a la puerta. *(Sale Pedro.)*

JULIETA.- Mi querida ama... Dios santo, ¿tan seria? Si las noticias son tristes, dilas alegre; si son buenas, no estropees su música viniéndome con tan mal semblante.

AMA.- Estoy muy cansada. Espera un momento. ¡Qué dolor de huesos! ¡Qué carreras!

JULIETA.- Por tus noticias te daría mis huesos. Venga, vamos, habla, buena ama, habla.

AMA.- ¡Jesús, qué prisa! ¿Aguardar no puedes? ¿No ves que estoy sin aliento?

JULIETA.- ¿Cómo puedes estar sin aliento, si lo tienes para decirme que estás sin él? Tu excusa para este retraso es más larga que el propio mensaje. ¿Traes buenas o malas noticias? Responde. Di una cosa a otra, y ya vendrán los detalles. Que sepa a qué atenerme: ¿Son buenas o malas?

AMA.- Eres muy simple eligiendo, no sabes elegir hombre, no. ¿Romeo? Y eso que es más guapo que nadie, que tiene mejores piernas, y que las manos, los pies y el cuerpo, aunque no merecen comentarse no tienen comparación. Sin ser la flor de la cortesía es más dulce que un cordero. Anda picarona, sirve a Dios. ¿Has comido en casa?

JULIETA.- ¡No, no! Todo eso lo sabía. ¿Qué hay de la boda, eh?

AMA.- ¡Señor, qué dolor de cabeza! ¡Ay, mi cabeza! Palpito como si fuera a saltar en mil pedazos. Mi espalda al otro lado... ¡Ay, mi espalda! ¡Que Dios te perdone por mandarme por ahí para matarme con tanta carrera!

JULIETA.- Me da mucha pena verte así. Querida, mi querida ama, ¿qué dice mi amor?

AMA.- Tu amor dice, como caballero honorable, cortés, afable y apuesto, y sin duda virtuoso... ¿Dónde está tu madre?

JULIETA.- ¿Que dónde está mi madre? Pues, dentro. ¿Dónde iba a estar? ¡Qué respuesta más extraña! «Tu amor dice, como caballero... ¿Dónde está tu madre?»

AMA.- ¡Virgen santa! ¡Serás impaciente! Repórtate. ¿Es este el alivio para mi dolor de huesos? Desde ahora, haz tú misma los recados.

JULIETA.- ¡Cuánto embrollo! Vamos, ¿qué dice Romeo?

AMA.- ¿Tienes permiso para ir hoy a confesarte?

JULIETA.- Sí.

AMA.- Pues date prisa en ir a la celda de Fray Lorenzo: te espera un marido para hacerte esposa. Ya se te rebela la sangre en la cara: por cualquier noticia se te pone roja. Corre a la iglesia. Yo voy a otro sitio por una escalera, con la que tu amado, cuando sea de noche, subirá a tu nido. Soy la esclava y me afano por tu dicha, pero esta noche tú serás quien lleve la carga. Yo me voy a comer. Tú corre a la celda.

JULIETA.- ¡Con mi buena suerte! Adiós, ama buena. *(Salen.)*

ESCENA VI

Celda de Fray Lorenzo.

Entran Fray Lorenzo y Romeo.

FRAY LORENZO.- ¡Sonría el cielo ante el santo rito y no nos castigue después con mil reproches!

ROMEO.- Amén. Mas por grande que sea el sufrimiento, no podrá superar la alegría que yo siento al verla un breve minuto. Unid nuestras manos con las santas palabras y que la muerte, devoradora del amor, haga su voluntad: llamarla mía es suficiente.

FRAY LORENZO.- El gozo violento tiene un fin violento y muere en su éxtasis como fuego y pólvora, que, al unirse, estallan. La miel más deliciosa, empalaga de puro dulzor y, al probarla, mata el apetito. Modera tu amor y durará largo tiempo: quien más rápido que el viento llega tarde como el lento. *(Entra Julieta apresurada y abraza a Romeo.)* Aquí está la dama. Ah, pies tan ligeros no pueden desgastar la dura piedra. Los enamorados pueden andar sin caerse por los hilos de araña que flotan en el aire travieso del verano; así de leve es la ilusión.

JULIETA.- Buenas tardes tenga mi padre confesor.

FRAY LORENZO.- Romeo te dará las gracias en nombre de ambos, hija.

JULIETA.-Y un saludo a él, o las suyas estarían de más.

ROMEO.- ¡Ah, Julieta, si la cumbre de tu gozo se eleva como la mía y tienes más arte que yo para describirlo, que tus palabras endulcen el aire que nos envuelve, y la armonía de tu voz revele la dicha íntima que ambos sentimos en este encuentro venturoso!

JULIETA.- El sentimiento, si no lo abruma el adorno, se precia de su verdad, no del ornato. Sólo los mendigos cuentan sus caudales, mas mi amor se ha enriquecido de tal modo que no puedo sumar la mitad de mi fortuna.

FRAY LORENZO.- Vamos, venid conmigo, pronto acabaremos, pues, con permiso, no vais a quedar solos hasta que la Iglesia os dé la bendición. *(Salen.)*

Acto III

Escena I

Verona. Una plaza pública.

Entran Mercucio, Benvolio y sus criados.

BENVOLIO.- Te lo ruego buen Mercucio, vámonos. Hace calor, los Capuletos han salido y, si los encontramos, tendremos pelea, pues este calor hace hervir la sangre bulliciosa.

MERCUCIO.- Tú eres uno de esos que, cuando entran en la taberna, golpean la mesa con la espada diciendo "Quiera Dios que no te necesite" y, bajo el efecto del segundo vaso, desenvainan contra el tabernero, cuando no hay ninguna necesidad de ello.

BENVOLIO.- ¿Yo soy así?

MERCUCIO.- Vamos, vamos. Cuando te da el ramalazo, eres tan vehemente como el que más en Italia: te provocan para ofenderte y te ofendes porque te provocan.

BENVOLIO.- ¿Ah, sí?

MERCUCIO.- Si hubiera dos así, muy pronto no habría ninguno, pues se matarían. ¿Tú? ¡Pero si tú te peleas con uno porque su barba tiene un pelo más o menos que la tuya! Te peleas con quien parte nueces porque tienes ojos de avellana. ¿Qué otro ojo sino el tuyo vería en ello motivo? En tu cabeza hay más broncas que sustancia en un huevo, sólo que, con tanta bronca, a tu cabeza le han zurrado más que a un huevo hueco. Te peleaste con uno que tosió en la calle porque despertó a tu perro, que estaba durmiendo al sol. ¿No la armaste con un sastre porque estrenó jubón antes de Pascua? ¿Y con otro porque les puso cordones viejos a los zapatos nuevos? ¿Y ahora tú me sermoneas porque debo huir de las peleas?

BENVOLIO.- Si yo fuese tan pendenciero como tú, podría vender mi renta vitalicia por simplemente una hora y cuarto.

MERCUCIO.- ¿Simplemente? ¡Ah, simple!

Entran Teobaldo y otros.

BENVOLIO.- Por mi cabeza, ahí vienen los Capuletos.

MERCUCIO.- Por mis pies, que nada me importa.

TEOBALDO.- Seguidme porque voy a hablarles. Buenas tardes, señores. Sólo dos palabras.

MERCUCIO.- ¿Una para cada uno? Ponedle pareja: que sea palabra y golpe.

TEOBALDO.- Señor, si me dais ocasión, no voy a quedarme quieto.

MERCUCIO.- ¿No podríais tomar motivo sin que se os lo dieran?

TEOBALDO.- Mercucio, sois del grupo de Romeo.

MERCUCIO.- ¿Grupo? ¿Es que nos tomáis por músicos? Pues si somos músicos, vais a oír desafinar. Aquí está el arco de violín que os va a hacer bailar. ¡Voto a...! ¡Grupo!

BENVOLIO.- Estamos hablando en la vía pública, que es muy frecuentada. Dirigíos a un lugar privado, tratad con más calma vuestras ofensas o, si no, marchaos. Aquí nos ven muchos ojos.

MERCUCIO.- Los ojos se hicieron para mirar: que miren. No pienso moverme por complacer a nadie.

Entra Romeo.

TEOBALDO.- Quedad en paz, señor. Aquí está mi criado.

MERCUCIO.- Que me cuelguen si sirve en vuestra casa. Os servirá en el campo del honor: en eso vuestra merced sí puede llamarle criado.

TEOBALDO.- Romeo, es tanto lo que te estimo que puedo decirte esto: eres un villano.

ROMEO.- Teobaldo, razones para estimarte tengo yo y excusan la ira que corresponde a tu saludo. No soy ningún villano, así que adiós. Veo que no me conoces.

TEOBALDO.- Mancebo, eso no excusa las ofensas que me has hecho, conque vuelve y desenvaina.

ROMEO.- Te aseguro que no te he ofendido y que te aprecio más de lo que piensas, mientras no sepas por qué. Así que, buen Capuleto, cuyo nombre estimo en tanto como el mío, queda con Dios.

MERCUCIO.- ¡Qué sumisión tan vil y deshonrosa! Y el Stocatta sale airoso. *(Desenvaina.)* Teobaldo, espadachín, ¿luchamos?

TEOBALDO.- ¿Tú qué quieres de mí?

MERCUCIO.- Gran rey de los gatos, tan sólo perderle el respeto a una de tus siete vidas y, según como me trates desde ahora, zurrar a las otras seis. ¿Quieres sacar ya de la vaina tu espada? Deprisa, o la mía te hará echar el resto.

TEOBALDO.- *(Desenvaina.)* Dispuesto me tenéis.

ROMEO.- Noble Mercucio, vuelve esa espada a su vaina.

MERCUCIO.- Venga, enseñadme ese quite. *(Luchan.)*

ROMEO.- Benvolio, desenvaina y abate esas espadas. ¡Señores, por Dios, evitad esta vergüenza! Teobaldo, Mercucio, el Príncipe ha prohibido expresamente pelear en las calles de Verona. ¡Basta, Teobaldo, Mercucio!

Teobaldo hiere a Mercucio por debajo del brazo de Romeo y huye con los suyos.

MERCUCIO.- Estoy herido. ¡Malditas vuestras familias! Se acabó. ¿Se fue sin llevarse nada?

BENVOLIO.- ¿Estás herido?

MERCUCIO.- Sí, sí: es un arañazo, un arañazo. Eso basta. ¿Y mi paje? Vamos, tú, corre por un cirujano. *(Sale el paje.)*

ROMEO.- Ánimo, hombre. La herida no será nada.

MERCUCIO.- No, no es tan profunda como un pozo, ni tan ancha como un arco de iglesia, pero es buena, servirá. Pregunta por mí mañana y me verás ya tieso. Te juro que en este mundo ya no soy más que un fiambre. ¡Malditas vuestras familias! ¡Voto a...! ¡Que un perro, una rata, un ratón, un gato me arañe de muerte! ¡Un bravucón, un granuja, un canalla, que lucha según reglas de cálculo! ¿Por qué demonios te metiste en medio? Me hirió bajo tu brazo.

ROMEO.- Fue con la mejor intención.

MERCUCIO.- Llévame a alguna casa, Benvolio, o me desmayo. ¡Malditas vuestras familias! Me han convertido en pasto de gusanos. Estoy herido, y bien. ¡Malditas vuestras casas! *(Sale con Benvolio.)*

ROMEO.- Este caballero, pariente del Príncipe, amigo entrañable, está herido de muerte por mi causa; y mi reputación, mancillada con la ofensa de Teobaldo. Él, que era primo mío desde hace poco. ¡Querida Julieta, tu belleza me ha vuelto miedoso y ha ablandado el temple de mi acero!

Entra Benvolio.

BENVOLIO.- ¡Romeo, Romeo, Mercucio ha muerto! Su alma gentil que, siendo tan joven, desdeñaba la tierra, ha subido al cielo.

ROMEO.- Un día tan nefasto augura otros males: empieza un dolor que ha de prolongarse.

Entra Teobaldo.

BENVOLIO.- Aquí vuelve el irascible Teobaldo.

ROMEO.- Vivo, victorioso, y Mercucio, muerto. ¡Vuélvete al cielo, benigna dulzura, y sea mi guía la cólera ardiente! Teobaldo, te devuelvo lo de "villano" con que me ofendiste, pues el alma de Mercucio está sobre nuestras cabezas esperando a que la tuya sea su compañera. Tú, yo, o los dos le seguiremos.

TEOBALDO.- Miserable, tú, que andabas con él, serás quien le siga.

ROMEO.- Esto lo decidirá. *(Luchan. Cae Teobaldo.)*

BENVOLIO.- ¡Romeo, huye, corre! La gente está alertada y Teobaldo ha muerto. ¡No te quedes perplejo! Si te apresan, el Príncipe te condenará a muerte. ¡Vete, huye!

ROMEO.- ¡Ah, soy juguete del destino!

BENVOLIO.- ¡Muévete! *(Sale Romeo.)*

Entran Ciudadanos.

CIUDADANO 1º.- ¿Por dónde ha huido el que asesinó a Mercucio? Teobaldo, ese criminal, ¿por dónde ha huido?

BENVOLIO.- Ahí yace Teobaldo.

CIUDADANO 1º.- Vamos, arriba, ven conmigo. En nombre del Príncipe, obedece.

Entran el Príncipe, Montesco, Capuleto, sus esposas y todos.

PRÍNCIPE.- ¿Dónde están los viles causantes de esta refriega?

BENVOLIO.- Ah, noble Príncipe, yo puedo explicaros lo que provocó el triste desafío. Al hombre que ahí yace Romeo dio muerte; él mató a Mercucio, a vuestro pariente.

SEÑORA CAPULETO.- ¡Teobaldo, sobrino! ¡Hijo de mi hermano! ¡Príncipe, marido! Se ha derramado sangre de mi gente. Príncipe, sois recto: esta sangre exige sangre de un Montesco. ¡Ah, Teobaldo, sobrino!

PRÍNCIPE.- Benvolio, ¿quién provocó este acto sangriento?

BENVOLIO.- Teobaldo, aquí muerto a manos de Romeo. Siempre con respeto, Romeo le hizo ver lo trivial de la lucha y le recordó vuestro enfado; todo ello, expresado cortésmente, con sosiego y doblando la rodilla, no logró aplacar la cólera indomable de Teobaldo, quien, insensible a la amistad, con su acero arremetió contra el pecho de Mercucio, que, igual de airado, respondió desenvainando y, con marcial despecho, apartaba la fría muerte con la izquierda, y con la otra devolvía la estocada a Teobaldo, cuyo arte la paraba. Romeo les gritó "¡Alto, amigos, separaos!", y su ágil brazo, más rápido que su lengua, abatió sus armas y entre ambos se interpuso. Por debajo de su brazo, un golpe traidor de Teobaldo acabó con la vida de Mercucio. Huyó Teobaldo, mas pronto volvió por Romeo, que entonces pensó en tomar venganza. Ambos se enzarzaron como el rayo, pues antes de que yo pudiera separarlos, Teobaldo fue muerto; y antes que cayera, Romeo ya huía. Mal rayo parta a Benvolio si dice mentira.

SEÑORA CAPULETO.- Este es un pariente del joven Montesco; no dice verdad, miente por afecto. De ellos lucharon unos veinte o más y sólo una vida pudieron cobrarse. Que hagáis justicia os demando: quien mató a Teobaldo, no debe vivir.

PRÍNCIPE.- Le mató Romeo, él mató a Mercucio. ¿Quién paga su muerte, que llena de luto?

MONTESCO.- No sea Romeo, pues era su amigo. Matando a Teobaldo, él tan sólo fue de la ley su brazo.

PRÍNCIPE.- Pues por ese exceso inmediatamente de aquí le destierro. Vuestros grandes odios ahora me atañen: con vuestras porfías ya corre mi sangre. Mas voy a imponeros tan severo castigo que habrá de pesaros el mal de mi pérdida. Haré oídos sordos a ruegos y súplicas, y no va a libraros ni el llanto ni el rezo, así que evitadlos. Que Romeo huya, pues, como le encuentren, su muerte es segura. Llevad este cuerpo y cumplid mi sentencia: si a quien mata absuelve, mata la clemencia. *(Salen.)*

ESCENA II

Jardín en casa de los Capuleto.

Entra Julieta sola.

JULIETA.- Galopad raudos, corceles fogosos, a la morada de Febo; la fusta de Faetón os llevaría al poniente, trayendo la sombría noche. Corre tu denso velo, noche de amores; apáguese la luz fugitiva y que Romeo, en silencio y oculto, se arroje en mis brazos. Para el rito amoroso basta a los amantes la luz de su belleza; o, si ciego es el amor, congenia con la noche. Ven, noche discreta, matrona vestida de negro solemne, y enséñame a perder el juego que gano, en el que los dos consumamos el acto. Con tu negro manto cubre la sangre inexperta que colorea mi cara, hasta que el pudor se torne osadía, y simple pudor un acto de amantes. Ven, noche; ven, Romeo; ven, luz de mi noche, pues yaces en las alas de la noche más blanco que la nieve sobre el cuervo. Ven, noche gentil, noche tierna y sombría, dame a mi Romeo y, cuando yo muera, córtalo en mil estrellas diminutas: tachonará tan bello el firmamento que el mundo, enamorado de la noche, dejará de adorar al sol ardiente. Ah, compré del amor su casa y aún no la habito; estoy vendida y no me han gozado todavía. El día se me hace eterno, igual que la víspera de fiesta para la niña que quiere estrenar un vestido y no puede. Aquí llega el ama. *(Entra el Ama retorciéndose las manos, con la escalera de cuerda en el regazo.)* Ah, me trae noticias, y todas las bocas que hablan de Romeo rebosan divina elocuencia. ¿Qué hay de nuevo, ama? ¿Qué llevas ahí? ¿La escalera que Romeo te pidió que trajeses?

AMA.- Sí, sí, la escalera. *(La deja en el suelo.)*

JULIETA.- Pero, ¿qué ocurre? ¿Por qué te retuerces las manos?

AMA.- ¡Ay de mí! ¡Ha muerto, ha muerto! Estamos perdidas, Julieta, perdidas. ¡Ay de mí! ¡Nos ha dejado, está muerto!

JULIETA.- ¿Tan perverso es el cielo?

AMA.- El cielo, no: Romeo. ¡Ah, Romeo, Romeo! ¿Quién iba a imaginárselo? ¡Romeo!

JULIETA.- ¿Qué demonio eres tú para hacerme sufrir? Es una tortura digna del infierno. ¿Se ha matado Romeo? Di que sí, y tu sílaba será más ponzoñosa que la mirada mortal de la arpía. Yo no seré yo si dices que sí, o si están cerrados los ojos que te lo hacen decir. Si ha muerto di "sí"; si vive, di "no". Decirlo resuelve mi dicha o dolor.

AMA.- Vi la herida, la vi con mis propios ojos (¡Dios me perdone!) en su pecho gentil. El pobre cadáver, triste y macilento, demacrado y sangriento, de sangre cuajada. Me desmayé al verlo.

JULIETA.- ¡Estalla, mi corazón destrozado! ¡Ojos, a prisión, para siempre jamás! ¡Barro vil, a la tierra vuelve, perece y únete a Romeo en lecho de muerte!

AMA.- ¡Ay, Teobaldo, Teobaldo! ¡Mi mejor amigo! ¡Teobaldo gentil, caballero preclaro, vivir para contemplarte muerto!

JULIETA.- ¿Puede haber tormenta más hostil? ¿Romeo sin vida y Teobaldo muerto? ¿Mi querido primo, mi amado señor? Anuncia, trompeta, el Último Día, pues, si ellos han muerto, ¿quién queda ya vivo?

AMA.- A Teobaldo mató Romeo y a este le han desterrado.

JULIETA.- ¡Dios mío! ¿Romeo vertió sangre de Teobaldo?

AMA.- Sí, sí, válgame el cielo, sí.

JULIETA.- ¡Qué alma de víbora en su cara florida! ¿Cuándo un dragón vivió en tan bella cueva? ¡Hermoso tirano, angélico demonio! ¡Cuervo con plumas de paloma, cordero lobuno! ¡Ser despreciable de divina presencia! Todo lo contrario de lo que parecías, un santo maldito, un ruin honorable. Ah, naturaleza, ¿qué no harías en el infierno si alojaste un espíritu diabólico en el cielo mortal de tan hermoso cuerpo? ¿Hubo libro con tal vil contenido y tan bien encuadernado? ¡Ah, que el engaño resida en suntuoso palacio!

AMA.- En los hombres no hay conciencia, fidelidad, ni honradez. Todos son perjuros, embusteros, perversos y falsos. ¿Dónde está mi criado? Dame un aguardiente: las penas y angustias me envejecen. ¡Caiga la deshonra sobre Romeo!

JULIETA.- ¡Que tu lengua se llague por ese deseo! Él no nació para deshonra. La deshonra se avergüenza de posarse en su frente, que es el trono en que el honor puede reinar como único monarca de la tierra. ¡Ah, qué brutal he sido al injuriarle!

AMA.- ¿Vas a hablar bien del que mató a tu primo?

JULIETA.- ¿Quieres que hable mal del que es mi esposo? ¡Mi pobre dueño! ¿Quién repara el daño que ha hecho a tu nombre tu reciente esposa? Mas, ¿por qué, loco, mataste a mi primo? Porque el perverso de mi primo te habría matado. Atrás, necias lágrimas, volved a su manantial; sed el tributo debido al sufrimiento y no, por error, una ofrenda a la alegría. Mi esposo está vivo y Teobaldo iba a matarle; Teobaldo ha muerto y habría matado a Romeo. Si esto me alivia, ¿por qué estoy llorando? Había otra palabra, peor que esa muerte, que a mí me ha matado. Quisiera olvidarla, pero, ay, la tengo grabada en la memoria como el crimen en el alma del culpable. "Teobaldo está muerto y Romeo, desterrado." Ese "desterrado", su significado ha matado a diez mil Teobaldos. Su muerte ya sería un gran dolor si ahí terminase. Pero si este dolor desea compañía y ha de medirse con otras desgracias, ¿por qué, cuando dijo "Teobaldo ha muerto", no añadió "tu padre", "tu madre", o los dos? Mi luto hubiera sido natural. Pero a esa muerte añadir por sorpresa "Romeo, desterrado", pronunciar tal palabra es matar a todos, padre, madre, Teobaldo, Romeo, Julieta, todos. "¡Romeo, desterrado!" No hay fin, ni límite, linde o medida para el significado que da esa palabra, ni palabras que la expresen. Ama, ¿dónde están mis padres?

AMA.- Llorando y penando sobre el cuerpo de Teobaldo. ¿Quieres que te acompañe a donde están?

JULIETA.- Cesará su llanto y seguirán fluyendo mis lágrimas por la marcha de Romeo. Como yo, las pobres cuerdas se engañaron; recógelas: Romeo está desterrado. Para subir a mi lecho erais camino, pero yo, virgen, he de morir virgen viuda. Venid, pues. Ven, ama. Voy al lecho nupcial, llévese la muerte mi virginidad.

AMA.- Tú marcha a tu cuarto. Te traeré a Romeo para que te consuele. Sé bien dónde se esconde. Óyeme, esta noche tendrás a Romeo: se oculta en la celda de su confesor.

JULIETA.- ¡Ah, tráelo! Dale este anillo a mi dueño y dile que deseo su último adiós. *(Salen.)*

ESCENA III

Celda de Fray Lorenzo.

Entra Fray Lorenzo.

FRAY LORENZO.- Sal, Romeo, sal ya, temeroso. La aflicción se ha prendado de ti y tú te has casado con el infortunio.

Entra Romeo.

ROMEO.- Padre, ¿qué noticias trae? ¿Qué decidió el Príncipe? ¿Qué nueva desgracia me aguarda que aún no sepa?

FRAY LORENZO.- Hijo, harto bien conoces tales compañeros. Te traigo la sentencia del Príncipe.

ROMEO.- La sentencia, ¿se aleja mucho de la muerte?

FRAY LORENZO.- La que ha pronunciado es más indulgente. No es de muerte, sino de destierro.

ROMEO.- ¿Cómo, destierro? Sed clemente, decid "muerte", que en el rostro del destierro hay más terror, mucho más que en la muerte. ¡No digáis "destierro"!

FRAY LORENZO.- Estás desterrado de Verona. Ten paciencia: el mundo es amplio.

ROMEO.- No hay mundo tras los muros de Verona, sino purgatorio, sufrimiento, el mismo infierno: destierro es para mí destierro del mundo, y eso es muerte; luego " destierro" es un sucedáneo de la muerte. Llamarla "destierro" es decapitarme con un hacha de oro y sonreír ante el mazazo que me mata.

FRAY LORENZO.- ¡Ah, pecado mortal, cruel ingratitud! La ley te condena a muerte, pero, en su clemencia, el Príncipe se ha apartado de la regla, cambiando en "destierro" la negra palabra "muerte". Eso es gran clemencia, y no te das cuenta.

ROMEO.- Es crueldad y no clemencia. El cielo está donde vive mi Julieta, y el gato, el perro, el ratoncillo y el más mísero ser aquí están en la gloria y pueden verla. Romeo, no. Hay más valor, más distinción y más cortesanía en las moscas carroñeras que en Romeo: ellas pueden posarse en la mano delicada de Julieta y robar bendiciones de sus labios, que por pudor virginal siempre están rojos pensando que pecan al juntarse. Romeo, no: le han desterrado. Las moscas pueden, mas yo debo alejarme. Ellas son libres; yo estoy desterrado. ¿Y decís que el destierro no es morir? ¿No tenéis veneno, ni navaja, ni medio de acabar rápido, por vil que sea? ¿Sólo ese "destierro" que me mata? ¿Destierro? Ah, padre, los condenados dicen la palabra entre alaridos. Y, siendo sacerdote, confesor que perdona los pecados y dice ser mi amigo, ¿tenéis corazón para aniquilarme hablando de destierro?

FRAY LORENZO.- ¡Ah, pobre insensato! Deja que te explique.

ROMEO.- ¿Otra vez volveréis a hablarme de destierro?

FRAY LORENZO.- Te daré una armadura contra él, la filosofía, néctar de la adversidad, que te consolará en él.

ROMEO.- ¿Todavía con el "destierro"? ¡Al diablo la filosofía! Si no puede crear una Julieta, mover una ciudad o revocar una sentencia, la filosofía es inútil, así que no habléis más.

FRAY LORENZO.- Ya veo que los locos no oyen.

ROMEO.- ¿Cómo quieres que tenga oídos si los sabios están ciegos?

FRAY LORENZO.- Déjame discutir sobre tu situación.

ROMEO.- No podéis hablar de lo que no sentís. Si fuerais joven como yo, y Julieta vuestro amor, recién casado, asesino de Teobaldo, enamorado y desterrado como yo, podríais hablar, mesaros los cabellos y arrojaros al suelo como yo a tomar la medida de mi tumba. *(Llama a la puerta el Ama.)*

FRAY LORENZO.- ¡Levántate, llaman! ¡Romeo, escóndete!

ROMEO.- No, a no ser que el aliento de mis míseros lamentos me oculte cual la niebla. *(Llaman.)*

FRAY LORENZO.- ¡Oye cómo llaman! ¿Quién es...? ¡Levántate, Romeo, que te vienen a buscar...! ¡Un momento...! ¡Arriba! *(Llaman.)* ¡Corre a mi estudio! ¡Ya voy! Santo Dios, ¿qué estupidez es esta? ¡Ya voy, ya voy! *(Llaman.)* ¿Quién llama así? ¿De dónde venís? ¿Qué deseáis?

AMA.- *(Adentro.)* Dejadme pasar, que traigo un encargo. Vengo de parte de Julieta.

FRAY LORENZO.- Entonces, bienvenida.

Entra el Ama.

AMA.- Ah, padre virtuoso, decidme dónde se esconde el esposo de Julieta. ¿Dónde está Romeo?

FRAY LORENZO.- Ahí, en el suelo, embriagado en sus lágrimas.

AMA.- Ah, está en el mismo estado que Julieta, el mismísimo. ¡Ah, concordia en el dolor! ¡Angustioso trance! Así yace ella, llorando y gimiendo, gimiendo y llorando. Levantaos, levantaos y sed hombre; en pie, levantaos, por Julieta y su amor. ¿A qué vienen tantos ayes y lamentos?

ROMEO.- ¡Ama! *(Se levanta.)*

AMA.- ¡Ah, señor! La muerte es al cabo el fin de todo.

ROMEO.- ¿Hablabas de Julieta? ¿Cómo está? ¿No me cree un perfecto criminal, que ha manchado la niñez de nuestra dicha con una sangre que es casi la suya? ¿Dónde está? ¿Y cómo está? ¿Y qué dice mi secreta esposa de este amor truncado?

AMA.- No dice nada, señor: llora y llora, se arroja en el lecho, se levanta, exclama "¡Teobaldo!", reprueba a Romeo y vuelve a caer.

ROMEO.- Como si mi nombre, por disparo certero de cañón, la hubiese matado, como ya mató a su primo el infame que lleva ese nombre. Ah, padre, decidme, ¿qué parte vil de este cuerpo alberga mi nombre? Decídmelo, que voy a saquear morada tan aborrecible. *(Se dispone a apuñalarse, y el Ama le arrebata el puñal.)*

FRAY LORENZO.- ¡Detén esa mano imprudente! ¿Eres hombre? Tu aspecto lo proclama, mas tu llanto es mujeril y tus locuras recuerdan la furia de una fiera irracional. Escondida mujer bajo forma de hombre, deforme animal bajo forma de ambos. Me asombras. Por mi santa orden, te creía de temple equilibrado. ¿Mataste a Teobaldo y quieres matarte y matar a tu esposa, cuya vida es la tuya, causándote la eterna perdición? ¿Por qué desprecias tu cuna, el cielo y la tierra si de un golpe podrías perder cuna, cielo y tierra, en ti unidos? Deshonras tu cuerpo, tu amor y tu juicio y, como el avaro, abundas en todo y no haces buen uso de nada que adorne tu cuerpo, tu amor y tu juicio. Tu noble figura es cerúlea efigie, y carece de hombría; el amor que has jurado es pura mentira y mata a la amada que dijiste honrar; tu juicio, adorno de cuerpo y amor, yerra en la conducta que tu les impones y, como pólvora en soldado inexperto, se inflama por tu propia ignorancia y te destroza, cuando debe defenderte. Vamos, ten valor. Tu Julieta vive y por ella ibas a matarte: ahí tienes suerte. Teobaldo te habría matado, pero tú le mataste: ahí tienes suerte. La ley que ordena la muerte se vuelve tu amiga y decide el destierro: ahí tienes suerte. Sobre ti desciende un sinfín de bendiciones, te ronda la dicha con sus mejores galas, y tú, igual que una moza grosera y adusta, pones mala cara a tu amor y tu suerte. Cuidado, que esa gente muere desdichada. Vete con tu amada, como está dispuesto. Sube a su aposento y anímala. Pero antes que monten la guardia, debes irte, pues, si no, no podrás salir para Mantua, donde vivirás hasta el momento oportuno para proclamar tu enlace, unir a vuestras familias, pedir el indulto del Príncipe y volver con cien mil veces más contento que cuando partiste destrozado. Adelántate, ama, encomiéndame a Julieta, y que anime a la gente a acostarse temprano; el dolor les habrá predispuesto. Ahora va Romeo.

AMA.- ¡Dios bendito! Me quedaría toda la noche oyéndoos estos magníficos consejos. ¡Lo que hace el saber! Señor, le diré a Julieta que venís.

ROMEO.- Díselo, y dile que se disponga a reñirme. *(El Ama se dispone a salir, pero regresa.)*

AMA.- Tomad este anillo que me dio para vos. Vamos, deprisa, que se hace tarde.

ROMEO.- Esto reaviva mi felicidad. *(Sale el Ama.)*

FRAY LORENZO.- Vete, buenas noches, y recuerda esto: o te vas antes que cambien la guardia o sales disfrazado al amanecer. Permanece en Mantua. Buscaré a tu criado y de cuando en cuando él te informará de las buenas noticias de Verona. Dame la mano, es tarde. ¡Adiós, buenas noches!

ROMEO.- Me aguarda una dicha mayor que la dicha, que, si no, alejarme de vos sentiría. Adiós. (*Salen.*)

ESCENA IV

Sala en casa de Capuleto.

Entran Capuleto, la Señora Capuleto y Paris.

CAPULETO.- Ha ocurrido ya tanta desventura que no ha habido tiempo de hablarlo con Julieta. Sabéis cuánto quería a su primo Teobaldo; yo también. En fin, nacimos para morir. Ahora es tarde; ella esta noche ya no bajará. Os aseguro que, si no fuese por vos, me habría acostado hace una hora.

PARIS.- Tiempo de dolor no es tiempo de amor. Señora, buenas noches. Encomendadme a Julieta.

SEÑORA CAPULETO.- Así lo haré, y por la mañana veré cómo se encuentra. Esta noche se ha enclaustrado en su aflicción. (*Paris se dispone a salir, y Capuleto le llama.*)

CAPULETO.- Conde Paris, me atrevo a responderos del amor de mi hija: creo que me hará caso sin ambages; vamos, estoy seguro. Esposa, vete a verla antes de ir a la cama; cuéntale el amor de nuestro yerno Paris y dile, atiende bien, que este miércoles... Espera, ¿qué día es hoy?

PARIS.- Lunes, señor.

CAPULETO.- Lunes... ¡Mmmm...! Eso es muy deprisa. Que sea el jueves. Dile que este jueves se casará con este noble conde. ¿Estaréis preparados? ¿Os complace la rapidez? No lo celebraremos: porque, claro, con Teobaldo recién enterrado, que era pariente, si lo festejamos dirán que le teníamos poca estima. Así que invitaremos a unos seis amigos y ya está. ¿Qué os parece el jueves?

Paris.- Señor, ojalá que mañana fuese el jueves.

Capuleto.- Muy bien; ahora podéis iros. Será el jueves. Tú habla con Julieta antes de irte a dormir y prepárala para el día de la boda. Adiós, señor. ¡Eh, alumbrad mi cuarto! Por Dios, que se ha hecho tan tarde que pronto diremos que es temprano. Buenas noches. *(Salen.)*

Escena V

Galería cerca del cuarto de Julieta.

Entran Romeo y Julieta arriba, en el balcón.

Julieta.- ¿Te marchas? Todavía no es de día. Ha sido el ruiseñor y no la alondra el que ha traspasado tu oído temeroso. Canta por la noche en aquel granado. Créeme, amor mío; ha sido el ruiseñor.

Romeo.- Ha sido la alondra, que anuncia la mañana, y no el ruiseñor. Mira, amor, esas rayas hostiles que apartan las nubes allá, hacia el Oriente. Se apagaron las luces de la noche y el alegre día despunta en las cimas por entre la niebla. He de irme y vivir, o quedarme y morir.

Julieta.- Esa luz no es luz del día, lo sé bien; es algún meteoro que el sol ha expulsado para ser esta noche tu antorcha y tu guía y alumbrarte el camino de Mantua. Quédate un poco, todavía no tienes que irte.

Romeo.- Que me apresen, que me den muerte; sufriré en silencio si así lo deseas. Diré que aquella luz gris no es el alba, sino el pálido reflejo del rostro de Cintia, y que no es el canto de la alondra lo que llega hasta la bóveda del cielo. En lugar de irme, quisiera quedarme. ¡Que venga la muerte! Lo quiere Julieta. ¿Hablemos, mi alma? Todavía no amanece.

JULIETA.- ¡Si está amaneciendo! ¡Huye, corre, vete! Es la alondra siempre tan chillona con su canto agudo y disonante. Afirman que la alondra liga notas con dulzura: a nosotros, en cambio, nos separa; y que la alondra cambió los ojos con el sapo: ojalá que también se cambiasen las voces, puesto que es su voz lo que nos aleja y de aquí te expulsa con esa alborada. Vamos, márchate, que la luz ya llega.

ROMEO.- Luz en nuestra luz y sombra en nuestras penas.
Entra el Ama a toda prisa.

AMA.- ¡Julieta!

JULIETA.- ¿Ama?

AMA.- Tu madre viene a tu cuarto. Ya es de día. Ten cuidado. ¡Alerta, alerta! *(Sale.)*

JULIETA.- Pues que el día entre, y mi vida marche.

ROMEO.- Bien, adiós. Un beso, y voy a bajar. *(Desciende.)*

JULIETA.- ¿Ya te has ido, amado, esposo, amante? De ti he de saber cada hora del día, pues hay tantos días en cada minuto... ¡Ah! ¡Haciendo estas cuentas seré muy mayor cuando vuelva a ver a mi Romeo!

ROMEO.- *(Abajo.)* ¡Adiós! No perderé oportunidad de enviarte mis besos.

JULIETA.- ¿Crees que volveremos a vernos?

ROMEO.- Sin duda, y recordaremos nuestros sufrimientos en gratos coloquios de los años próximos.

JULIETA.- ¡Dios mío, mi alma presiente desgracias! Estando ahí abajo, me parece verte como un muerto en el fondo de una tumba. Si la vista no me engaña, estás como la cera.

ROMEO.- A mi vista le dices lo mismo, amor. Las penas nos beben la sangre. Adiós. *(Sale.)*

JULIETA.- Fortuna, Fortuna, veleidosa te llaman. Si lo eres, ¿por qué te preocupas del que es tan constante? Se veleidosa, Fortuna, pues así no tendrás a Romeo cautivo y podrás devolvérmelo pronto.

Entra la Señora Capuleto.

Señora Capuleto.- ¡Hija! ¿Estás despierta?

Julieta.- ¿Quién me llama? Es mi madre. ¿Aún sin acostarse o es que ha madrugado? ¿Qué extraño motivo la trae aquí ahora? *(Baja del balcón y entra abajo.)*

Señora Capuleto.- ¿Qué pasa, Julieta?

Julieta.- No me encuentro bien, señora.

Señora Capuleto.- ¿Continúas llorando la muerte de tu primo? ¿Quieres sacarle de la tumba con tus lágrimas? Aunque quisieras, no podrías resucitarlo, así que ya basta. Dolor moderado indica amor; dolor en exceso, pura tontería.

Julieta.- Dejadme llorar mi triste pérdida.

Señora Capuleto.- Así lloras la pérdida, no a la persona.

Julieta.- Lloro tanto la pérdida que no puedo dejar de llorar a la persona.

Señora Capuleto.- Hija, tú no lloras tanto su muerte como el que esté vivo el malvado que le mató.

Julieta.- ¿Qué malvado, señora?

Señora Capuleto.- El malvado de Romeo.

Julieta.- *(Aparte.)* Entre él y un malvado hay millas de distancia. *(A la Señora Capuleto.)* Dios le perdone, como yo con toda el alma. Y eso que ninguno me aflige como él.

Señora Capuleto.- Porque el vil asesino todavía está vivo.

Julieta.- Sí, señora, fuera del alcance de mis manos. ¡Ojalá sólo yo pudiera vengar a mi primo!

Señora Capuleto.- Tomaremos venganza, confía. No llores más. Mandaré a alguien a Mantua, donde vive el desterrado, y le dará un veneno tan poderoso que muy pronto estará en compañía de Teobaldo. Supongo que entonces quedarás satisfecha.

JULIETA.- Nunca quedaré satisfecha con Romeo hasta que le vea... muerto... está roto mi corazón de llorar a Teobaldo. Señora, si a alguien encontráis para que lleve un veneno, yo lo mezclaré, de modo que Romeo, al recibirlo, pronto duerma en paz. ¡Cuánto me disgusta oír su nombre y no estar cerca de él para hacerle pagar mi amor por Teobaldo en el propio cuerpo que le ha asesinado!

SEÑORA CAPULETO.- Tú busca los medios; yo buscaré al hombre. Pero ahora soy portador de alegres albricias.

JULIETA.- La alegría siempre es buena cuando es tan necesaria. ¿Qué nuevas traéis, señora?

SEÑORA CAPULETO.- Hija, tienes un padre providente que, para curarte de tus penas, de pronto ha dispuesto un día de dicha que ni tú te esperabas ni yo imaginaba.

JULIETA.- Muy a propósito. ¿Qué día será?

SEÑORA CAPULETO.- Hija, este jueves, por la mañana temprano, en la iglesia de San Pedro, un gentil caballero, joven y apuesto, el Conde Paris, te hará una esposa dichosa.

JULIETA.- Pues por la iglesia de San Pedro y por San Pedro, que allí no me hará una esposa dichosa. Me sorprende la prisa, tener que casarme antes de que el novio me corteje. Señora, os lo ruego: decidle a mi padre y señor que todavía no pienso casarme y que, cuando lo haga, será con Romeo, a quien aborrezco, en vez de con Paris. ¡Pues vaya noticias!

Entran Capuleto y el Ama.

SEÑORA CAPULETO.- Aquí está tu padre. Díselo tú misma, a ver cómo lo toma.

CAPULETO.- Cuando el sol se pone, la tierra llora rocío, mas en el ocaso del hijo de mi hermano, cae un diluvio. ¡Cómo! ¿Hecha una fuente, hija? ¿Todavía llorando? ¿Bañada en lágrimas? Con tu cuerpo pequeño imitas al barco, al mar, al viento, pues en tus ojos, que yo llamo el mar, se encuentran el flujo y reflujo de tus lágrimas; el barco es tu cuerpo, que navega ese mar; el viento, tus suspiros, que, a porfía con tus lágrimas, hará naufragar ese cuerpo tan frágil si pronto no amaina. ¿Qué hay, esposa? ¿Le has hecho saber mi decisión?

SEÑORA CAPULETO.- Sí, pero ella dice que no, y gracias. ¡Ojalá se casara con su tumba!

CAPULETO.- Despacio, esposa; explícame eso, explícamelo. ¿Cómo que no quiere? ¿No nos lo agradece? ¿No está orgullosa? ¿No se da por contenta de que, indigna como es, hayamos conseguido que tan digno caballero pida su mano?

JULIETA.- Orgullosa, no, pero sí agradecida. No puedo estar orgullosa de lo que odio, pero sí agradezco que se hiciera por amor.

CAPULETO.- ¿Así que con sofismas? ¿Qué es esto? ¿"Orgullosa", "lo agradezco", "no lo agradezco" y "orgullosa, no", niña consentida? A mí no me vengas con gracias ni orgullos y prepara esas piernecitas para ir el jueves con Paris a la iglesia de San Pedro o te llevo yo atada y a rastras como los criminales. ¡Quita, cadavérica! ¡Quita, insolente, cara lívida!

SEÑORA CAPULETO.- ¡Calla, calla! ¿Estás loco?

JULIETA.- Mi buen padre, te lo pido de rodillas; escúchame con calma un momento.

CAPULETO.- ¡Que te cuelguen, descarada, rebelde! Escúchame tú: el jueves vas a la iglesia o en tu vida me mires a la cara. No hables, ni respondas, ni contestes. Siento en los dedos una comezón. Esposa, nos creíamos con suerte porque Dios nos dio sólo esta hija, pero veo que la única nos sobra y que haberla tenido es maldición. ¡Quítate de mi vista, víbora!

AMA.- ¡Dios la bendiga! Señor, sois injusto al tratarla de esta manera.

CAPULETO.- ¿Y por qué, doña Sabihonda? ¡Cállese doña Cordura, y váyase a cotorrear con las comadres!

AMA.- No he dicho nada inconveniente.

CAPULETO.- Ahí está la puerta.

AMA.- ¿No se puede hablar?

CAPULETO.- ¡A callar, charlatana! Suelta tu sermón a tus comadres, que aquí no es necesario.

SEÑORA CAPULETO.- No te excites tanto.

CAPULETO.- ¡Cuerpo de Dios, me desquicia! Día y noche, trabajando u ocioso, solo o acompañado, mi solo cuidado ha sido casarla; y ahora que le encuentro un joven caballero de noble linaje, de alcurnia y hacienda, adornado, como dicen, de notables prendas, con tan buena figura como pueda imaginarse, me viene esta tonta y mísera plañidera, esta muñeca llorona, en la cumbre de su suerte, contestando "No me caso, no le quiero; no tengo edad; perdóname, te lo suplico". Pues no te cases y verás como las gasto: ve a pastar donde quieras y lejos de mi casa. Piénsalo bien, no suelo bromear. El jueves se acerca, considéralo, pondera: si eres hija mía, te daré a mi amigo; si no, ahórcate, mendiga, pasa hambre, muérete en la calle, pues, por mi alma, no pienso reconocerte ni dejarte nada que sea mío en herencia. Ten por seguro que lo cumpliré. *(Sale.)*

JULIETA.- ¿No hay misericordia en las alturas que conciba la profundidad de mi pena? ¡Ah, madre querida, no me rechacéis! Aplazad esta boda un mes, una semana o, si no, disponed mi lecho nupcial en el panteón donde duerme Teobaldo.

SEÑORA CAPULETO.- Conmigo no hables; no diré palabra. Haz lo que quieras. Contigo he terminado. *(Sale.)*

JULIETA.- ¡Dios mío! Ama, ¿cómo se puede impedir este disparate? Mi esposo está en la tierra; mi juramento, en el cielo. ¿Cómo puede volver a la tierra si, dejando la tierra, mi esposo no me lo envía desde el cielo? Aconséjame. ¡Ah, que el cielo emplee sus tretas contra un ser débil como yo! ¿Qué me dices? ¿No tienes para mí ni una palabra dulce? Dame consuelo, ama.

AMA.- Aquí lo tienes: Romeo está desterrado, y el mundo contra nada a que no se atreve a volver y reclamarte, o que, si lo hace, será a escondidas. Así que, tal como ahora está la cosa, creo que es mejor que te cases con el conde. ¡Ah, es un caballero tan apuesto! A su lado, Romeo es un trapo sucio. Ni el águila tiene los ojos tan verdes, tan vivos y hermosos como Paris. Que se pierda mi alma si no vas a ser feliz con tu segundo esposo, pues vale más que el primero; en todo caso, el primero ya está muerto, o como si lo estuviera, viviendo tú aquí y sin gozarlo.

JULIETA.- Pero, ¿hablas con el corazón?

AMA.- Y con el alma, o que se pierdan los dos.

JULIETA.- Amén.

AMA.- ¿Qué?

JULIETA.- Bueno, me has consolado a maravilla. Entra y dile a mi madre que, habiendo disgustado a mi padre, me voy a la celda de Fray Lorenzo a confesarme y a recibir la absolución.

AMA.- Enseguida. Eso es muy juicioso por tu parte. *(Sale.)*

JULIETA.- ¡Condenada vieja! ¡Malvado demonio! ¿Qué es

más pecado? ¿Tentarme al perjurio o maldecir a mi esposo con la lengua que tantas veces lo ensalzó con desmesura? Vete, consejera. Tú y mis pensamientos viviréis como extraños. Veré qué remedio puede ofrecerme el fraile; si todo fracasa, habré de matarme. *(Sale.)*

ACTO IV

ESCENA I

Verona. La celda de Fray Lorenzo

Entran Fray Lorenzo y el Conde Paris.

FRAY LORENZO.- ¿El jueves, señor? Eso es muy pronto.

PARIS.- Así lo quiere mi suegro Capuleto y yo no me inclino a frenar su prisa.

FRAY LORENZO.- ¿Decís que no sabéis lo que ella piensa? Esto es muy irregular y no me agrada.

PARIS.- Llora sin pausa la muerte de Teobaldo y por eso de amor casi no he hablado. Venus no es propicia en la mansión del dolor. Señor, su padre juzga peligroso que su pena llegue a poseerla y, en su prudencia, apresura nuestro enlace por contener el torrente de sus lágrimas, a las que ella es tan propensa si está sola y que puede evitar la compañía. Ahora ya sabéis la razón de tanta prisa.

FRAY LORENZO.- *(Aparte.)* Ojalá no supiera por qué hay que frenarla. Mirad, señor: la dama viene a mi celda.

Entra Julieta.

PARIS.- Grato encuentro, mi dama y esposa.

JULIETA.- Señor, eso será cuando pueda serlo.

PARIS.- Ese "pueda ser" ha de ser el jueves, mi amor.

JULIETA.- Lo que ha de ser, será.

FRAY LORENZO.- Un dicho muy atinado.

PARIS.- ¿Venís a confesaros con el padre?

JULIETA.- Si contestase, me confesaría con vos.

PARIS.- No podéis negarle que me amáis.

JULIETA.- Voy a confesaros que le amo.

PARIS.- También confesaréis que me amáis.

JULIETA.- Si lo hago, valdrá más por ser dicho a vuestras espaldas que a la cara.

PARIS.- Pobre, no estropeéis vuestra cara con el llanto.

JULIETA.- La victoria del llanto es bien mezquina: antes de dañarla, mi cara valía poco.

PARIS.- Decir eso la perjudica más que vuestro llanto.

JULIETA.- Señor, lo que es cierto no es calumnia, y lo que he dicho, me lo he dicho a la cara.

PARIS.- Esa cara es mía y vos la calumniáis.

JULIETA.- Quizás, porque mía ya no es. Padre, ¿estáis desocupado u os veo tras la misa vespertina?

FRAY LORENZO.- Estoy desocupado, mi atribulada hija. Señor, os pediré que nos dejéis a solas.

PARIS.- Dios me guarde de turbar la devoción. Julieta, os despertaré el jueves bien temprano. Adiós hasta entonces y guardad mi santo beso. *(Sale.)*

JULIETA.- ¡Ah, cerrad la puerta y llorad conmigo! No queda esperanza, ni cura, ni ayuda.

FRAY LORENZO.- Ah, Julieta, conozco bien tu pena; me tiene dominada la razón. Sé que el jueves han dispuesto casarte con el conde, y que no se aplazará.

JULIETA.- Padre, no me digáis que lo sabéis sin decirme también cómo impedirlo. Si, en vuestra sabiduría, no me dais remedio, aprobad mi decisión y yo al momento con este cuchillo pondré remedio a todo esto. Dios unió mi corazón y el de Romeo, vos nuestras manos y, antes que esta mano, sellada con la suya, sea el sello de otro enlace o este corazón se entregue a otro con alevosía, esto acabará con ambos. Así que, desde vuestra edad y experiencia, dadme ya consejo, pues, si no, mirad, este cuchillo será el árbitro que medie entre mi angustia y mi persona con una decisión que ni vuestra autoridad ni vuestra sapiencia han sabido alcanzar con honor. Tardáis en hablar, y yo la muerte deseo si vuestra respuesta no me da una solución.

FRAY LORENZO.- ¡Alto, hija! Veo un rayo de esperanza, mas requiere una acción tan arriesgada como el caso que se trata de evitar. Si, por no unirte al Conde Paris, tienes fuerza de voluntad para matarte, seguramente podrás acometer algo semejante a la muerte y evitar esta vergüenza, pues por él la muerte has afrontado. Si tú te atreves, yo te daré el remedio.

JULIETA.- Antes que casarme con Paris, decidme que salte desde las almenas de esa torre, que pasee por caminos de bandidos, o que ande en los nidos de víboras; encadenadme con osos feroces o metedme de noche en un osario, enterrada bajo huesos que crepiten, miembros pestilentes, calaveras sin mandíbula; decidme que me esconda en un sepulcro, en la mortaja de un recién enterrado... Todo lo que me ha hecho temblar con sólo oírlo pienso hacerlo sin duda ni temor por seguir siéndole fiel a mi marido.

FRAY LORENZO.- Entonces vete a casa, ponte alegre y di que aceptas casarte con Paris. Mañana es miércoles: por la noche procura dormir sola; no dejes que el ama duerma en tu alcoba. Cuando te hayas acostado, bébete el licor destilado de este frasco. Al punto recorrerá todas tus venas un humor frío y soñoliento; el pulso no podrá detenerlo y cesará; ni aliento ni calor darán prueba de que vives; las rosas de tus labios y mejillas serán pálida ceniza; tus párpados caerán cual si la muerte cerrase el día de la vida; tus miembros, privados de todo movimiento, estarán más fríos y yertos que la muerte. Y así quedarás cuarenta y dos horas como efigie pasajera de aquélla, para despertar como de un grato sueño. Cuando por la mañana llegue el novio para levantarte de tu lecho, estarás muerta. Entonces, según la costumbre, con tus mejores galas, en un féretro destapado, serás llevada al viejo mausoleo donde yacen los difuntos Capuletos. Entre tanto, y mientras no despiertes, por carta haré saber a Romeo nuestro plan para que venga; él y yo asistiremos a tu despertar, y esa misma noche Romeo podrá llevarte a Mantua. Esto te salvará del deshonor, si no hay titubeo ni miedo de mujer que frene tu valor al emprenderlo.

JULIETA.- ¡Dádmelo, dádmelo! No me habléis de temor.

FRAY LORENZO.- Bueno, vete. Sé fuerte, y suerte en tu propósito. Ahora mismo envío a un fraile a Mantua con carta para tu marido.

JULIETA.- Amor me dé fuerza, y ella me dé ayuda. Adiós, buen padre. *(Salen.)*

ESCENA II

Casa de los Capuleto.

Entran Capuleto, la Señora Capuleto, el Ama y dos o tres Criados.

CAPULETO.- Invita a todas las personas de esta lista. *(Sale un Criado.)* Tú, contrátame a veinte buenos cocineros.

CRIADO.- Señor, no os traeré a ninguno malo, pues probaré a ver si se chupan los dedos.

CAPULETO.- ¿Qué prueba es esa?

CRIADO.- Señor, no será buen cocinero quien no se chupe los dedos; así que por mí, el que no se los chupe, no lo contrato.

CAPULETO.- Bueno, andando. *(Sale el Criado.)* Esta vez no estaremos bien surtidos. Mi hija, ¿se ha ido a ver al padre?

AMA.- Sí, señor.

CAPULETO.- Bueno, quizá él le haga algún bien. Es una cría mema y testaruda.

Entra Julieta.

AMA.- Pues vuelve de la confesión con buen semblante.

CAPULETO.- ¿Qué dice mi tozuda? ¿Dónde fuiste de correteo?

JULIETA.- Donde he aprendido a arrepentirme del pecado de pertinaz desobediencia a vos y a vuestras órdenes. Fray Lorenzo me ha mandado que os pida perdón postrada de rodillas. Perdonadme. Desde ahora siempre os obedeceré.

CAPULETO.- ¡Enviad un recado al conde! ¡Contádselo! Este enlace lo ato mañana por la mañana.

JULIETA.- He visto al joven conde en la celda del fraile y le he dado cumplida muestra de mi amor, sin traspasar las lindes de la decencia.

CAPULETO.- ¡Cuánto me alegro! ¡Magnífico! Levántate. Así debe ser. He de ver al conde. Sí, eso es. Vamos, traedle aquí. ¡Por Dios bendito, cuánto tiene que agradecer la ciudad a este padre santo y virtuoso!

JULIETA.- Ama, ¿me acompañas a mi cuarto y me ayudas a escoger las galas más apropiadas para mañana?

SEÑORA CAPULETO.- No, es el jueves. Hay tiempo de sobra.

CAPULETO.- Ama, ve con ella. La boda es mañana.

(Salen el Ama y Julieta.)

SEÑORA CAPULETO.- No estaremos bien surtidos. Ya es casi de noche.

CAPULETO.- Calla, deja que me mueva y todo irá bien, esposa, te lo prometo. Tú ve con Julieta, ayúdala a escoger la ropa. Esta noche no me acuesto. Tú déjame: esta vez yo haré de ama de casa. ¡Eh! Han salido todos. Bueno, yo mismo iré a ver al Conde Paris y le prepararé para mañana. Me salta el corazón desde que se ha arrepentido la rebelde. *(Salen.)*

ESCENA III

Habitación de Julieta.

Entran Julieta y el Ama.

JULIETA.- Sí, mejor esa ropa. Pero, mi buena ama, ¿quieres dejarme sola esta noche? Necesito rezar mucho y lograr que el cielo se apiade de mi conducta, que, como sabes, ha sido adversa y pecaminosa.

Entra la Señora Capuleto.

SEÑORA CAPULETO.- ¿Estáis ocupadas? ¿Necesitáis mi ayuda?

JULIETA.- No, señora. Ya hemos elegido lo mejor para la ceremonia de mañana. Si os gusta, desearía quedarme sola; el ama os puede ayudar esta noche, pues seguro que estaréis muy ocupada con toda esta rapidez.

SEÑORA CAPULETO.- Buenas noches. Acuéstate y descansa, que lo necesitas. *(Salen la Señora Capuleto y el Ama.)*

JULIETA.- ¡Adiós! Sabe Dios cuándo volveremos a vernos. Recorre mis venas un frío terror que casi me hiela el alma. Las llamaré para que me conforten. ¡Ama! ¿Y qué puede hacer? En esta negra escena he de actuar sola. Ven, frasco. ¿Y si no hace efecto la mezcla? ¿Habré de casarme mañana temprano? No, no: esto lo impedirá. Quédate ahí. *(Deja a su lado un puñal.)* ¿Y si fuera un veneno que el fraile preparó con alevosía para darme muerte, no sea que mi boda le llene de oprobio, tras haberme casado con Romeo? Temo que sí y, sin embargo, creo que no, pues siempre se ha revelado muy piadoso. ¿Y si, cuando esté en el panteón, despierto antes que Romeo venga a rescatarme? Tiemblo de pensarlo. ¿Podré respirar en un sepulcro en cuya inmunda boca solo entra aire malsano y morir asfixiada antes que llegue Romeo? O si vivo, ¿no puede suceder que la espantosa imagen que me inspiran muerte y noche, junto con el terror del lugar...? Pues al ser un sepulcro, un viejo mausoleo donde durante siglos se amontonan los restos de todos mis antepasados; donde Teobaldo, sangriento y recién enterrado, se pudre en su mortaja; donde dicen que a ciertas horas de la noche acuden espíritus... ¡Ay de mí! ¿No puede ocurrir que, despertando temprano, entre olores nauseabundos y gritos como de mandrágora arrancada de cuajo, que vuelven loco a quien lo oye...? Ah, si despierto, ¿no podría perder la razón, rodeada de terrores espantosos, y jugar como una loca con los esqueletos, a Teobaldo arrancar de su mortaja y, en este frenesí, empuñando como maza un hueso de algún antepasado, partirme la cabeza arrebatada? ¡Ah! Creo ver el espectro de mi primo en busca de Romeo, que le atravesó con su espada. ¡Quieto, Teobaldo! ¡Romeo, Romeo! Aquí está el licor. Bebo por ti. *(Cae sobre la cama, tras las cortinas.)*

ESCENA IV

Casa de los Capuleto.

Entran la Señora Capuleto y el Ama con hierbas.

SEÑORA CAPULETO.- Aguarda. Toma estas llaves y trae más especias.

AMA.- En el horno piden membrillos y dátiles.

Entra Capuleto.

CAPULETO.- Vamos, ¡deprisa, deprisa! El gallo ha cantado dos veces, ha sonado la campana: son las tres. Angélica, ocúpate de las empanadas; no repares en gastos.

AMA.- Idos a dormir ya, acostaos. Ya veréis, mañana estaréis malo por falta de sueño.

CAPULETO.- ¡Qué bobería! Por mucho menos velé noches enteras sin ponerme enfermo.

SEÑORA CAPULETO.- Sí, en tus tiempos fuiste buen cazador nocturno, pero ahora velaré por que no veles tanto. *(Salen la Señora Capuleto y el Ama.)*

CAPULETO.- ¡Será celosa, será celosa!

Entran tres o cuatro Criados con asadores, leña y cestas.

Oye, tú, ¿qué traes ahí?

CRIADO 1º.- No sé, señor; cosas para el cocinero...

CAPULETO.- Rápido, rápido. Tú, trae leña más seca. Llama a Pedro: él te dirá dónde hay.

CRIADO 2º.- Señor, a Pedro no hay que importunarle: para encontrar tarugos tengo yo buena cabeza. *(Se van.)*

CAPULETO.- Vive Dios, qué bien dicho. El pillo es chistoso. Te llamaremos "cabeza de tarugo". *(Salen los Criados.)* ¡Pero si ya es de día! El conde estará aquí pronto con la música. Eso es lo que dijo. *(Tocan música adentro)* Ya se acerca. ¡Ama! ¡Esposa! ¡Eh! ¡Ama! *(Entra el Ama.)* Despierta a Julieta, corre a arreglarla. Yo voy a entretener

a Paris. Date prisa, date prisa, que ha llegado el novio.
Vamos, date prisa. *(Sale.)*

ESCENA V

Habitación de Julieta.

Julieta está sobre el lecho.

AMA.- ¡Señorita! ¡Julieta! ¡Anda, menudo sueño! ¡Eh, paloma! ¡Eh, Julieta! ¡Será dormilona! ¡Eh, cariño! ¡Señorita! ¡Reina! ¡Novia, vamos! ¡Ni palabra! Aprovecha bien
ahora, duerme una semana, que, ya verás, esta noche
el Conde Paris sueña con quitarte el sueño. ¡Dios me
perdone! ¡Amén, Jesús!.. Se le han pegado las sábanas.
Tendré que despertarla. ¡Señorita, señorita! Sí, sí, ya
verás como el conde te coja en la cama: te va a meter
miedo. ¿Es que no despiertas? *(Descorre las cortinas.)*
¡Cómo, te has vestido y has vuelto a la cama! Tendré
que despertarte. ¡Señorita, señorita! ¡Ay, ay! ¡Socorro,
socorro! ¡Está muerta! ¡Ay, dolor! ¿Para qué habré nacido? ¡Ah, mi aguardiente! ¡Señor! ¡Señora!

Entra la Señora Capuleto.

SEÑORA CAPULETO.- ¿Qué escándalo es ese?

AMA.- ¡Ah, día desgraciado!

SEÑORA CAPULETO.- ¿Qué ocurre?

AMA.- ¡Mirad, mirad! ¡Ah, que nefasto día!

SEÑORA CAPULETO.- ¡Ay de mí, ay de mí! ¡Mi hija, mi
vida! ¡Revive, abre los ojos o moriré contigo! ¡Socorro,
socorro! ¡Pide socorro!

Entra Capuleto.

CAPULETO.- Por Dios, traed a Julieta, ¡que el novio espera!

AMA.- ¡Está muerta, muerta, muerta! ¡Ay, día aciago!

SEÑORA CAPULETO.- ¡Ay, dolor! ¡Está muerta, muerta, muerta!

CAPULETO.- ¡Cómo! A ver. ¡Ah, está fría! La sangre, helada; los miembros, rígidos. Hace tiempo que la vida salió de sus labios. La Muerte la cubre como prematura escarcha sobre la más tierna flor de los campos.

AMA.- ¡Ah, día tan aciago!

SEÑORA CAPULETO.- ¡Ah, tiempo de aflicción!

CAPULETO.- La Muerte la llevó para hacerme gritar, pero ahora me traba la lengua y el habla.

Entran Fray Lorenzo y el Conde Paris con los Músicos.

FRAY LORENZO.- ¿Está lista la novia para ir a la iglesia?

CAPULETO.- Lista para ir, no para volver. Ah, hijo, la noche antes de tu boda la Muerte ha dormido con tu amada. La flor que había sido yace ahora desflorada. La Parca es mi yerno, la Muerte me hereda; con mi hija se ha casado. Moriré dejándole todo: la vida, el vivir, todo es suyo.

PARIS.- ¡Tanto desear que llegase este día para contemplar una escena como esta! *(Todos a una gritan y se retuercen las manos.)*

SEÑORA CAPULETO.- ¡Día maldito, nefasto, mísero, odioso! ¡La hora más aciaga que vio el tiempo en su largo y asiduo peregrinar! ¡Una, sólo una, una pobre y tierna hija, que me daba consuelo y alegría, y la cruel Muerte me la arranca de mi lado!

AMA.- ¡Ah, dolor! ¡Día triste, triste, triste! ¡El más infortunado, el más lleno de sufrimiento de mi vida, de toda mi vida! ¡Ah, qué día, qué día más horrible! ¡Cuándo se ha visto un día tan negro! ¡Ah, día triste, día triste!

PARIS.- ¡Engañado, separado, injuriado, muerto! ¡Engañado por ti, Muerte abominable, vencido por ti en tu extrema perversidad! ¡Amor! ¡Vida! ¡Vida, no: amor en la muerte!

CAPULETO.- ¡Despreciado, vejado, odiado, torturado, muerto! Tiempo de angustia, ¿por qué vienes tan callada asesinando nuestra celebración? ¡Hija, ah, hija! ¡Mi alma, y no mi hija! Yaces muerta. Ah, ha muerto mi hija y con ella se sepulta mi gozo.

FRAY LORENZO.- ¡Por Dios, callad! El trastorno no es remedio del dolor. El cielo y vos teníais parte en la bella doncella; ahora todo es del cielo, y para ella es lo mejor. Vuestra parte no pudisteis guardarla de la muerte, mas la otra eternamente guarda el cielo. Ansiabais verla encumbrada; elevarla habría sido vuestra gloria. ¿Y lloráis ahora que se ha elevado más allá de las nubes y ya alcanza la gloria? ¡Ah, con ese amor la amáis tan poco que os perturba su bienaventuranza! No es buen matrimonio el que años conoce: la mejor casada es la que muere joven. Secad vuestras lágrimas y cubrid de romero este hermoso cuerpo, según la costumbre, y conducidla a la iglesia con sus mejores galas. La naturaleza nos obliga al dolor, pero la razón se ríe del llanto.

CAPULETO.- Lo que dispusimos para nuestra fiesta cambiará su objeto para este funeral; ahora los músicos tocarán a muerto, al compás del tañer de campanas el banquete será una comida de luto, los himnos de boda, dolientes cantos fúnebres, las flores nupciales lucirán sobre el ataúd y todo ha de volverse su contrario.

FRAY LORENZO.- Entrad, señor; señora, entrad con él. Venid, Conde Paris. Que todos se preparen para acompañar a la bella difunta en su entierro. Los cielos se hallan enojados por algún pecado; ved si con paciencia: lográis cumplir su mandato.

Salen todos, menos los Músicos y el Ama, que echa romero sobre el cadáver y corre las cortinas.

MÚSICO 1º.- Ya podemos guardar los instrumentos e irnos con la música a otra parte.

AMA.- Marchaos, amigos, marchaos; ya veis que es un caso de dolor. *(Sale.)*

MÚSICO 1º.- Pues, en verdad, más alegre podía ser.
Entra Pedro

PEDRO.- ¡Músicos, músicos! *Paz del alma, Paz del alma.* Si queréis que siga vivo, tocad *Paz del alma.*

MÚSICO 1º.- ¿Por qué *Paz del alma*?

PEDRO.- Ah, músicos, porque en mi alma oigo sonar "Se me parte el alma". Ah, confortadme con una canción que sea alegre.

MÚSICO 1º.- Nada de canciones. No es hora de tocar.

PEDRO.- Entonces ¿no?

MÚSICO 1º.- ¡No!

PEDRO.- Pues os apretaré las clavijas y la voy a dar sonada.

MÚSICO 1º.- ¿Qué nos vas a dar?

PEDRO.- Dinero, no; guerra. Te voy a poner a tono. Os daré el tratamiento de juglar.

MÚSICO 1º.- Y yo te pondré de sirviente.

PEDRO.- Entonces este puñal de sirviente te va a rapar la cabeza. A mí no me trines, que te solfeo. Toma nota.

MÚSICO 1º.- Solfea y darás la nota.

MÚSICO 2º.- Anda, demuestra lo listo que eres y envaina ese puñal.

PEDRO.- ¡Pues, en guardia! Envainaré mi puñal y os batiré con mi listeza. Respondedme como hombres: "Cuando domina la aflicción y el alma te oprime un triste duelo, la música, que tiene voz de plata..." ¿Por qué "voz de plata"? ¿Por qué "la música, que tiene voz de plata"? ¿Qué dices tú, Simón Rascatripas?

MÚSICO 1º.- Pues porque, igual que la plata, suena dulce.

PEDRO.- ¡Palabras! ¿Tú qué dices, Hugo Rabel?

MÚSICO 2º.- "Voz de plata" porque a los músicos nos pagan en plata.

PEDRO.- ¡Más palabras! ¿Y tú qué dices, Jaimetraste?

MÚSICO 3º.- Pues no sé qué decir.

PEDRO.- ¡Ah, disculpad! Sois el cantor. Yo os lo diré. "La música, que tiene voz de plata" porque a los músicos nunca os suena el oro. "... la música, que tiene voz de plata, el mal no tarda en reparar". *(Sale.)*

MÚSICO 1º.- ¡Qué pillo más cargante!

MÚSICO 2º.- ¡Que lo ahorquen! Venga, vamos a entrar. Aguardamos a los dolientes y luego a comer. *(Salen.)*

Acto V

Escena I

Mantua. Una calle

Entra Romeo.

Romeo.- Si puedo confiar en la verdad de un sueño halagador, se acercan buenos presagios. El rey de mi pecho
está alegre en su trono y hoy un insólito ánimo me eleva
sobre el suelo con pensamientos gozosos. Soñé que mi
amada vino y me halló muerto (sueño extraño, si en
él un muerto piensa) y me insufló tanta vida con sus
besos que resucité convertido en un emperador. ¡Ah,
qué dulce ha de ser el amor real si sus sombras albergan
tanto gozo! *(Entra Baltasar, criado de Romeo.)* ¡Noticias de Verona! ¿Qué hay, Baltasar? ¿No traes cartas
del fraile? ¿Cómo está mi amor? ¿Está bien mi padre?
¿Cómo está mi señora? Dos veces lo pregunto, pues
nada puede ir mal si ella está bien.

Baltasar.- Entonces está bien y nada puede ir mal. Su
cuerpo descansa en la cripta de los Capuletos y su alma
inmortal vive con los ángeles. Vi cómo la enterraban
en la cripta de sus deudos y a toda prisa cabalgué para
contároslo. Perdonadme por traeros malas nuevas, pero
cumplo el deber que me asignasteis.

Romeo.- ¿Es verdad? ¡Entonces yo os desafío, cielo cruel!
¡Ya sabes dónde vivo! Tráeme papel y tinta y alquila caballos de posta. Salgo esta noche para Verona.

BALTASAR.- Calmaos, señor, os lo ruego. Estáis pálido y excitado, y eso anuncia algún infortunio.

ROMEO.- Calla, te equivocas. Déjame y haz lo que te he dicho. ¿No tienes carta para mí de Fray Lorenzo?

BALTASAR.- No, señor.

ROMEO.- No importa. Vete. Y busca esos caballos. Yo voy contigo presto. *(Sale Baltasar.)* Bien, Julieta, esta noche descansaremos juntos. A ver la manera. ¡Ah, infierno, qué pronto te insinúas en la mente de un desesperado! Recuerdo un boticario, que vive por aquí. Le vi hace poco, cubierto de harapos, con cejas muy pobladas, recogiendo hierbas. Estaba demacrado; su penuria le había reducido a los huesos. En su pobre tienda pendía una tortuga, un caimán disecado y varias pieles de peces deformes; y por los estantes, expuestas y un muestrario escaso, de vacías cajas, cazuelas verdes, vejigas, semillas rancias, hilos bramantes y pétalos de rosa ya pasados. Viendo esa miseria, yo me dije: "Si alguien necesita algún veneno, aunque en Mantua venderlo se pena con la muerte, este pobre hombre se lo venderá." Ah, la idea se adelantó a mi menester y ahora este menesteroso ha de vendérmelo. Que yo recuerde, esta es la casa; hoy es fiesta, y la tienda está cerrada. ¡Eh, boticario!

Entra el Boticario.

BOTICARIO.- ¿Quién grita?

ROMEO.- Vamos, ven aquí. Veo que eres pobre. Toma cuarenta ducados y dame un frasco de veneno, algo que actúe con presteza y se extienda por las venas, de tal modo que el cansado de la vida caiga muerto y el aliento salga de su cuerpo con el ímpetu de la pólvora inflamada cuando huye de las entrañas del cañón.

BOTICARIO.- De esas drogas tengo, pero las leyes de Mantua castigan con la muerte a quien las venda.

ROMEO.- ¿Y tú temes la muerte, estando tan esmirriado y cargado de miseria? El hambre está en tu cara; en tus ojos hundidos, la hiriente pobreza; tu cuerpo lo visten indignos trapos. El mundo no es tu amigo, ni su ley, y el mundo no da ley que te haga rico, conque quebranta la ley y toma esto.

BOTICARIO.- Accede mi pobreza, no mi voluntad.

ROMEO.- Le pago a tu pobreza, no a tu voluntad.

BOTICARIO.- Disolved esto en cualquier líquido y bebedlo y, aunque tengáis el vigor de veinte hombres, al instante os despachará.

ROMEO.- Aquí está el oro, peor veneno para el alma; en este mundo mayores crímenes comete que las tristes mezclas que no puedes vender. Soy yo quien te vende veneno, no tú a mí. Adiós, ¡cómprate comida y engorda! *(Sale el Boticario.)* Cordial y no veneno, ven conmigo a la tumba de Julieta, que es tu sitio. *(Sale Romeo.)*

ESCENA II

Celda de FRAY LORENZO

Entra Fray Juan.

FRAY JUAN.- ¡Eh, santo franciscano, hermano!

Entra Fray Lorenzo.

FRAY LORENZO.- Esa parece la voz de Fray Juan. Bien venido de Mantua. ¿Qué dice Romeo? Si escribió su mensaje, dame la carta.

FRAY JUAN.- Fui en busca de un hermano franciscano que había de acompañarme. Le encontré en la ciudad, visitando a los enfermos. La ronda sanitaria, sospechando que la casa en que vivíamos los dos estaba contagiada por la peste, selló las puertas y nos prohibió salir. Por eso no pude trasladarme a Mantua.

FRAY LORENZO.- Entonces, a Romeo, ¿quién le llevó mi carta?

FRAY JUAN.- Aquí está, no pude entregársela ni conseguir que nadie os la trajese. Tenían mucho miedo de contagios.

FRAY LORENZO.- ¡Ah, desventura! Por mi Santa Orden, no era una carta trivial, sino de gran importancia. No entregarla podría hacer mucho daño. Vamos, Fray Juan, buscadme una palanca y llevádmela a la celda.

FRAY JUAN.- Ahora mismo os la llevo, hermano. *(Sale.)*

FRAY LORENZO.- He de ir solo al panteón. De aquí a tres horas despertará Julieta. Se enfadará conmigo cuando se entere que Romeo no ha sido avisado de lo sucedido. Volveré a escribir a Mantua; a ella la tendré aquí, en mi celda, hasta que llegue Romeo. ¡Ah, cadáver vivo en tumba de muertos! *(Sale.)*

ESCENA III

Un cementerio y el panteón de los Capuleto.

Entran Paris y su Paje, con flores, agua perfumada y una antorcha.

PARIS.- Muchacho, trae tu antorcha y aléjate. No, apágala; no quiero que me vean. Ahora échate al pie de esos tejos y pega el oído a la hueca tierra. Así no habrá pisada que en ella no repares en este cementerio, con un suelo tan blando de tanto cavar tumbas. Un silbido tuyo será aviso de que alguien se acerca. Dame esas flores. Haz lo que te digo, vamos.

PAJE.- *(Aparte.)* Me asusta quedarme aquí solo en el cementerio, pero me arriesgo. *(Sale.)*

Paris cubre la tumba de flores.

PARIS.- Flores a esta flor en su tálamo nupcial. Mas, ay, tu catafalco no es más que polvo y piedra. Con agua perfumada lo he de rociar cada noche, o con lágrimas de pena. Las exequias que desde ahora te consagro son mis flores cada noche con mi llanto. *(Silba el Paje.)* Me avisa el muchacho; que alguien se aproxima. ¿Qué pie miserable se acerca a estas horas turbando mis ritos de amor y mis honras? *(Entran Romeo y Baltasar con una antorcha, una azada y una barra de hierro.)* ¡Cómo! ¿Con antorcha? Noche, ocúltame un momento. *(Se esconde.)*

ROMEO.- Dame la azada y la barra de hierro. Ten, toma esta carta. Haz por entregarla mañana temprano a mi padre y señor. Dame la antorcha. Te lo ordeno por tu vida: por más que oigas o veas, aléjate y no interrumpas mi tarea. Si desciendo a este lecho de muerte es para contemplar el rostro de mi amada, pero, sobre todo, por quitar de su dedo un anillo preciado, un anillo que he de usar en un asunto importante. Así que vete. Si, por recelar, vuelves y me espías para ver qué más cosas me propongo, por Dios, que te haré pedazos y te desparramaré por este hambriento cementerio. El instante y mi propósito son fieros, más feroces y mucho más inexorables que un tigre hambriento o el mar embravecido.

BALTASAR.- Me iré, señor, y no os molestaré.

ROMEO.- Con eso me demuestras tu amistad. Toma: vive y prospera. Adiós, buen amigo.

BALTASAR.- *(Aparte.)* Sin embargo, me esconderé por aquí. Su gesto no me gusta y sospecho su propósito. *(Se esconde.)*

Romeo.- Estómago abominable, vientre de muerte, saciado del manjar más querido de la tierra, así te obligo a abrir tus mandíbulas podridas y, en venganza, te fuerzo a tragar más alimento.

Abre la tumba.

Paris.- Este es el orgulloso Montesco desterrado, el que mató al primo de mi amada, haciendo que ella, según cuentan, muriese de pesar. Seguro que ha venido a profanar los cadáveres. Voy a detener su diabólico intento. *(Desenvaina.)* ¡Cesa tu impía tarea, vil Montesco! ¿Pretendes vengarte más allá de la muerte? ¡Maldito villano, date preso! Obedece y ven conmigo, pues has de morir.

Romeo.- Es verdad, y por eso he venido. Noble joven, no provoques a un desesperado; huye y déjame. Piensa en estos muertos y teme por tu vida. Te lo ruego, no añadas a mi cuenta otro pecado moviéndome a la furia. ¡Vete! Por Dios, más te estimo que a mí mismo, pues vengo armado contra eso. No te quedes; vete. Vive y después di que el favor de un demente te dejó vivir.

Paris.- Tus súplicas son vanas y por malhechor te hago preso.

Romeo.- ¿Así que me provocas? Pues toma, muchacho. *(Luchan.)*

Entra el Paje de Paris.

Paje.- ¡Dios del cielo, están luchando! Llamaré a la guardia. *(Sale.)*

Paris.- ¡Ah, muerto soy! Si tienes compasión, abre la tumba y ponme al lado de Julieta. *(Muere.)*

Romeo.- Te juro que lo haré. A ver su cara. ¡El pariente de Mercucio, el Conde Paris! ¿Qué decía mi criado mientras cabalgábamos que mi alma agitada no escuchaba? Creo que dijo que Paris iba a casarse con Julieta. ¿Lo dijo? ¿O lo he soñado? ¿O me he vuelto loco oyéndole hablar de Julieta y creo que lo dijo? Ah, dame la mano: tú estás conmigo en el libro sangriento del destino. Voy a enterrarte en regio sepulcro. ¿Sepulcro? No, salón de luz, joven muerto: aquí yace Julieta, y su belleza convierte el panteón en radiante cámara de audiencias. Muerte, yace ahí, enterrada por un muerto. *(Coloca a Paris en la tumba.)* ¡Cuántas veces los hombres son felices al borde de la muerte! Quienes los vigilan lo llaman el último destello. ¿Puedo yo llamar a esto destello? Ah, mi amor, mi esposa, la Muerte, que robó la dulzura de tu aliento, no ha rendido tu belleza, no te ha conquistado. En tus labios y mejillas sigue roja tu enseña de belleza, y la Muerte aún no ha izado su odiosa bandera. Teobaldo, ¿estás ahí, en tu sangrienta mortaja? ¿Qué mejor favor puedo yo hacerte que, con la misma mano que segó tu juventud, matar la del que ha sido tu enemigo? Perdóname, primo. ¡Ah, querida Julieta! ¿Cómo sigues tan hermosa? ¿He de creer que la incorpórea Muerte se ha enamorado y que la bestia horrenda y descarnada te guarda aquí, en las sombras, como amante? Pues para impedirlo, contigo he de quedarme para ya jamás salir de este palacio de lóbrega noche. Aquí, aquí me quedaré con los gusanos, tus sirvientes. Ah, aquí me entregaré a la eternidad y me sacudiré de esta carne cansada el yugo de fatídicas estrellas. ¡Ojos, mirad por última vez! ¡Brazos, dad vuestro último abrazo! Y labios, puertas del aliento, ¡sellad con un beso un trato perpetuo con la ávida Muerte! Ven, amargo conductor; ven, áspero guía. Temerario piloto, ¡lanza tu zarandeado navío contra la roca enhiesta! Brindo por mi amor. *(Bebe.)* ¡Ah, fiel boticario, tus drogas son rápidas! Con un beso muero. *(Cae.)*

Entra Fray Lorenzo con linterna, palanca y azada.

FRAY LORENZO.- ¡San Francisco me asista! ¿Con cuántos sepulcros habré tropezado esta noche? ¿Quién a tales horas interrumpe el descanso de los muertos?

BALTASAR.- Un amigo, alguien que os conoce.

FRAY LORENZO.- Dios te bendiga. Dime, buen amigo, ¿de quién es esa antorcha que en vano da luz a calaveras y gusanos? Parece que arde en el mausoleo de los Capuletos.

BALTASAR.- Así es, padre mío, y allí está mi amo, a quien tanto queréis.

FRAY LORENZO.- ¿Quién es?

BALTASAR.- Romeo.

FRAY LORENZO.- ¿Cuánto tiempo lleva ahí?

BALTASAR.- Media hora larga.

FRAY LORENZO.- Ven al mausoleo.

BALTASAR.- Señor, no me atrevo. Mi amo cree que ya me he marchado y me amenazó de una forma terrible con matarme si me quedaba a observar sus intenciones.

FRAY LORENZO.- Entonces quédate; iré solo. Tengo miedo. Ah, temo que haya ocurrido una catástrofe.

BALTASAR.- Mientras dormía yo bajo aquel tejo, soñé que mi amo luchaba con un hombre y que le mataba. *(Sale.)*

FRAY LORENZO.- ¡Romeo! Se agacha y mira la sangre y las armas. ¡Ay de mí! ¿De quién es la sangre que mancha las piedras de la entrada del sepulcro? ¿Qué hacen estos aceros sangrientos y sin dueño junto a este lugar de paz? ¡Romeo! ¡Qué pálido! ¿Quién más? ¡Cómo! ¿Paris? ¿Y empapado de sangre? ¡Ah, qué hora fatal ha causado esta triste desgracia! *(Se despierta Julieta.)* La doncella se mueve.

JULIETA.- Ah, padre consolador, ¿dónde está mi esposo? Recuerdo muy bien dónde quedamos en encontrarnos, y aquí estoy. ¿Dónde está Romeo?

FRAY LORENZO.- Oigo ruido, Julieta. Sal de ese nido de muerte, infección y sueño obligado. Un poder superior a nosotros frustró nuestro intento. Vamos, sal. Tu esposo yace muerto en tu regazo, y también ha muerto Paris. Ven, te confiaré a una comunidad de santas monjas. Ahora no hablemos: viene la ronda. Vamos, Julieta; no me atrevo a seguir aquí. *(Sale.)*

JULIETA.- Marchaos, pues yo no pienso hacerlo. ¿Qué es esto? ¿Un frasco en la mano de mi amado? El veneno ha sido la causa de su fin prematuro. ¡Ah, egoísta! ¿Te lo bebes todo sin dejarme una gota que me ayude a ir tras de ti? Te besaré: tal vez quede en tus labios algo de veneno, para que pueda morir con ese tónico. Tus labios están calientes. *(Le besa.)*

GUARDIA 1º.- *(Adentro.)* ¿Por dónde, muchacho? Guíame.

JULIETA.- ¿Qué? ¿Ruido? Seré rápida. Oh, mi daga oportuna, *(Cogiendo la daga de Romeo.)* ¡Esta es tu vaina! Oxídate en mí y deja que muera. *(Se apuñala y cae sobre el cadáver de Romeo y muere.)*
Entra el Paje de Paris y la guardia.

PAJE.- Este es el lugar, ahí donde arde la antorcha.

GUARDIA 1º.- Hay sangre en el suelo; registrad el cementerio. Id algunos; prended a quien quiera que encontréis. *(Salen algunos Guardias.)* ¡Ah, cuadro de dolor! Han matado al conde y sangra Julieta, aún caliente y recién muerta, cuando llevaba dos días enterrada. ¡Decídselo al Príncipe, avisad a los Capuletos, despertad a los Montescos! Los demás, ¡buscad! *(Salen otros Guardias.)* Bien vemos la escena de tales desgracias, pero los motivos de esta desventura, si no nos los dicen, no lo sospechamos.

Entran los Guardias con Baltasar, el criado de Romeo.

GUARDIA 2º.- Esté es el criado de Romeo; estaba en el cementerio.

GUARDIA 1º.- Vigiladle hasta que venga el Príncipe.

Entra un Guardia con Fray Lorenzo.

GUARDIA 3º.- Aquí hay un fraile que no deja de temblar, llora y suspira. Le quitamos esta azada y esta pala cuando salía por este lado del cementerio.

GUARDIA 1º.- Muy sospechoso. Vigiladle también.

Entra el Príncipe con otros.

PRÍNCIPE.- ¿Qué desgracia ha ocurrido tan de madrugada que turba mi matinal reposo?

Entran Capuleto y la Señora Capuleto.

CAPULETO.- ¿Qué ha ocurrido que todos andan gritando?

SEÑORA CAPULETO.- En las calles unos gritan "¡Romeo!"; otros, "¡Julieta!"; otros, "¡Paris!"; y todos vienen corriendo hacia el mausoleo.

PRÍNCIPE.- ¿Qué es lo que tanto os atemoriza?

GUARDIA 1º.- Alteza, ahí yace asesinado el Conde Paris; Romeo, muerto; y Julieta, antes muerta, acaba de morir otra vez.

PRÍNCIPE.- ¡Buscad y averiguad cómo ha ocurrido esta matanza horrible!

GUARDIA 1º.- Aquí están un fraile y el criado de Romeo, con instrumentos para abrir los sepulcros de estos muertos.

CAPULETO.- ¡Santo cielo! Esposa, mira cómo se desangra nuestra hija. Ella no era su destino, sino la espalda del Montesco y ha preferido el pecho de mi hija.

SEÑORA CAPULETO.- ¡Ay de mí! Esta escena de muerte es la señal que me avisa de la mía próxima.

Entra Montesco.

PRÍNCIPE.- Venid, Montesco: pronto os habéis levantado para ver a vuestro hijo tan pronto caído.

MONTESCO.- Ah, Alteza, mi esposa murió anoche: el destierro de mi hijo la mató de pena. ¿Qué otro sufrimiento amenaza mi triste vejez?

PRÍNCIPE.- Mirad y veréis.

MONTESCO.- ¡Qué desatención! ¿Quién te habrá enseñado a ir a la tumba delante de tu padre?

PRÍNCIPE.- Sella un poco la boca del lamento hasta que podamos aclarar todas las dudas y sepamos su origen, su fuente y su desarrollo. Entonces seré yo el guía de vuestras penas y os acompañaré, si cabe, hasta la muerte. Mientras, dominaos; que la desgracia ceda a la paciencia. Traed a los sospechosos.

FRAY LORENZO.- Yo soy el que más; si bien el menos capaz y el más sospechoso (pues la hora y el sitio me acusan) de este horrendo crimen. Y aquí estoy para inculparme y exculparme, condenado y absuelto por mí mismo.

PRÍNCIPE.- Entonces decid ya lo que sabéis.

FRAY LORENZO.- Seré breve, pues la vida que me queda no es muy larga para la premiosidad del relato. Romeo, ahí muerto, era esposo de Julieta y ella, ahí muerta, fiel esposa de Romeo: yo los casé. El día del secreto matrimonio fue el último día de Teobaldo, cuya muerte inesperada desterró al recién casado. Por él, no por Teobaldo, derramaba un mar de lágrimas Julieta. Vos, por apagar ese arrebato de dolor, queríais casarla con el Conde Paris a la fuerza. Entonces vino a verme y, desesperada, me pidió algún remedio que la librase del segundo enlace, pues, si no, pondría fin a su vida en mi celda. Yo, entonces, instruido por mi ciencia, le entregué un narcótico, que produjo el efecto apetecido, pues le dio la apariencia de una muerta. Mientras, a Romeo le insté por carta para que viniera esta noche y me ayudase a sacarla de su tumba ocasional, por ser la hora en que el efecto cesaría. Mas Fray Juan, el portador de la carta, se retrasó por una circunstancia fortuita y hasta anoche no me la devolvió. Entonces, yo solo, a la hora en que Julieta debía despertar, vine a sacarla de este mausoleo, pensando en tenerla oculta en mi celda hasta poder dar aviso a Romeo. Pero al llegar, unos minutos antes de que ella despertara, vi que yacían muertos el noble Paris junto al fiel Romeo. Cuando despertó, le pedí que saliera y aceptase la voluntad del supremo, pero entonces un ruido me hizo huir y ella, en su desesperación, no quiso acompañarme y, por lo visto, puso fin a su vida. Esto es lo que sé; el ama es conocedora de este matrimonio. Si algún daño se ha inferido por mi culpa, que mi vida sea sacrificada, aunque sea poco antes de su hora, con todo el rigor de nuestra ley.

PRÍNCIPE.- Siempre os he tenido por hombre santo. ¿Y el criado de Romeo? ¿Qué dice a esto?

BALTASAR.- A mi amo hice saber la muerte de Julieta, y desde Mantua él vino a todo correr a este lugar, a este mausoleo. Me dijo que entregase esta carta a su padre sin tardanza y, al entrar en la cripta, me amenazó de muerte si no me iba y le dejaba solo.

PRÍNCIPE.- Dame la carta; la leeré. ¿Dónde está el paje del conde que avisó a la guardia? Dime, ¿qué hacía tu amo en este tétrico lugar?

PAJE.- Quería cubrir de flores la tumba de su amada. Me pidió que me alejase; así lo hice. Al punto llegó alguien con antorcha dispuesto a abrir la tumba. Mi amo le acometió con la espada desenvainada y yo corrí a llamar a la guardia.

PRÍNCIPE.- La carta ratifica las palabras del venerado fraile, el desarrollo de este amor, la noticia de la muerte; y aquí dice que compró a un humilde boticario un veneno con el cual vino a morir y yacer con Julieta. ¿Dónde están los rivales, Capuleto y Montesco? Ved el castigo a vuestro odio: el cielo halla medios de matar vuestras disputas con el amor, y yo, cerrando los ojos a vuestras discordias, pierdo dos parientes. Todos estamos castigados.

CAPULETO.- Hermano Montesco, dame la mano: sea tu aportación a este matrimonio, puesto que yo nada más puedo pedir.

MONTESCO.- Pero yo sí puedo darte más: haré a Julieta una estatua de oro y, mientras Verona lleve su nombre, no habrá efigie que tan gran estima vea como la de la constante y fiel Julieta.

CAPULETO.- Otra tan rica ha de tener Romeo. ¡Pobres víctimas de padres enfrentados con cruel odio!

PRÍNCIPE.- Una paz sombría nos trae la mañana: no muestra su rostro el sol dolorido. Salid y hablaremos de nuestras penas. Perdón verán unos; otros, el castigo, pues nunca hubo historia más triste que la que vivieron Julieta y Romeo. *(Salen todos.)*

FIN DE LA TRAGEDIA

ÍNDICE